ご縁の奇跡

The Miracle of Providence

穴口恵子
Keiko Anaguchi

The Miracle of Providence

きずな出版

はじめに

人生を照らす見えない力

私たちの人生には、目には見えないけれど確かに存在する不思議な力があります。

その力が「ご縁」です。

想像してみてください。

偶然と思えるような出会いが、実は運命的な力によって導かれているとしたらどうでしょうか?

この本を手にとった瞬間から、あなたはその神秘的な力の一端に触れています。

思い返してみてください。

これまでの人生で、重要な出会いがあなたの運命をどれだけ変えたかを。

友人、恋人、ビジネスパートナー、時には見知らぬ人との一瞬の接触が、あなたの人生に大きな影響を与えてきたことはありませんか?

それがご縁の力なのです。ご縁は、私たちの人生に新しい可能性と希望をもたらしてくれます。

この本では、ご縁の奇跡について深く探求し、その力がどのようにして私たちの人生を豊かにし、照らしてくれるのかを解き明かしていきます。

ご縁がもたらす奇跡は、単なる偶然ではなく、あなたの意識と行動によって引き寄せることができるのです。

日常生活の中で、私たちは多くの人と出会います。

その中には、ただの偶然と思われる出会いもありますが、それが後に大きな意味をもつことも少なくありません。

たとえば、ある人との出会いがきっかけで新しい仕事に挑戦することになったり、異なる文化や考え方に触れることで自分自身の成長につながることがあります。

これらの出会いが単なる偶然ではなく、運命によって導かれたものであると感じる瞬間が、ご縁の力の表れなのです。


ご縁の力は、まるで見えない糸で結ばれているかのように感じられることがあります。

この見えない糸は、私たちが意識しなくても自然と人と人とを結びつけています。

そして、その糸が引き寄せられるようにして、必要なときに必要な人と出会うことができるのです。

この見えない糸の存在を感じることで、ご縁の神秘に気づき、その力を信じることができます。

ご縁を大切にすることは、自分自身の人生を豊かにするための第一歩です。

出会った人々とのつながりを大切にし、その縁を育《はぐく》むことで、私たちはより多くの幸せや成功を手に入れることができます。

感謝の気持ちをもち、相手を尊重し、思いやりをもって接することが、ご縁を深める鍵となります。


これから始まる各章で、ご縁の力をどのように引き寄せ、育み、活用するかを具体的に学びましょう。あなたの人生を照らす見えない力に気づき、その力を信じることで、素晴らしい未来が開けることを心から願っています。


私たちはみな、それぞれの人生の旅路において多くの人と出会い、別れ、そして再会します。

その一つ一つのご縁が、私たちを成長させ、時には新しい道へと導いてくれるのです。

ご縁の力を信じ、その奇跡を体験することで、私たちはより強く、より優しく、そしてより豊かな心をもつことができるでしょう。

ご縁の奇跡を解き明かし、その力を日常生活に取り入れることで、私たちは驚くべき変化を体験することができます。

ご縁の力を信じ、その力を活かすことで、私たちの人生は一層輝きを増すのです。この本が、その一助となることを願ってやみません。

本書で紹介する具体的な方法や実践《じっせん》例を通じて、あなたもきっとご縁の奇跡を体験することでしょう。

さあ、あなたの人生を豊かにする見えない力、その扉を今、開いてみませんか。

穴口恵子

目次

［Contents］

第1章

［Wish］

心の奥からの願いを解き放つ

願いの力を引き寄せる方法

第 2 章

[Believe]
ご縁の奇跡を信じる

信じる力がもたらす運命の瞬間

第3章

[Open]
新たな出会いに心の扉を開く

オープンマインドが人間関係の始まり

第4章

［Know］

自分を知り、他者を知る

深い理解が信頼関係を生む

第5章

[Seize]
ご縁のチャンスをつかむ

タイミングを見極める

第 6 章

[Connect]

愛と感謝のご縁でつながる

揺るぎない関係が築かれていく

第7章

[Expand] ご縁の輪を広げる

幸運が生まれていくネットワーク

第 8 章

[Communicate]

絆を深め、心を通わせる

魂と魂のコミュニケーション

第9章

［Action］

行動することで未来は変わる

スピリアルな計画を実践する

第 1 章

［Wish］

心の奥からの
願いを解き放つ

願いの力を引き寄せる方法

生きるエネルギー源

生まれてきてから今までに、誰もが心の奥にある熱い思いをもって、何かをやりたいという情熱が湧き上がってきた経験がありますね。

その情熱を思い出してください。

きっと、子どもの頃に漫画のヒーローやヒロインを見て、「私もそうなりたい！」って思ったことがあるのではありませんか？

そのときに、胸が熱くなって、ときめいて、それが叶《かな》ったときの高揚感も体験したことがあるはず。このような心が私たちに与えてくれる生きる喜びや楽しさや感動は、あなたの生きるエネルギー源となって、是が非でも行動に起こそうというやる気や勇気や元気を与えてくれます。

心の奥からの願いは、運命を引き寄せる強力な磁石となって私たちに働きかけてくれます。

この章では、願いを実現するための具体的な方法について探求します。

純粋な願いをキャッチする

まず、

「自分が本当に何を望んでいるのか」

を日常の中で見つけることが大切です。

毎日を何気《なにげ》なく過ごしていると、心の奥底に眠っている純粋な願望や希望に気づくのは難しいでしょう。人の意見や情報に埋もれてしまうと、自分の本当の願いが見えなくなり、心の余裕すら奪われてしまいます。

そこで、日々、心を静め、頭と心を空っぽにして、スペースと余裕をつくる時間を確保するようにしましょう。

一日10分だけでも、自分自身のために使う時間を設《もう》けることが重要です。

たとえば、朝の静かな時間や寝る前のリラックスタイムを活用します。スマホを遠ざけ、深呼吸をしながらリラックスすることを心がけてください。深呼吸をすると、からだと心がリフレッシュされ、内なる声が聞こえやすくなります。

具体的な方法として、自然の中での散歩が効果的です。公園や緑豊かな場所での散歩は、心を落ち着かせ、純粋な願いを見つける手助けをしてくれます。

散歩中に、

「私が純粋に望んでいることは何だろう?」

と自分に問いかけ、浮かんできたアイデアや感じたことをメモにとってみましょう。自由な思考をめぐらせる時間をもつことで、

「これが叶ったら嬉《うれ》しい」

「あんなことやこんなことをしてみたい」

といった願望が次々と浮かんできます。

制限を設けず、好奇心をもって自分に問いかけることで、一番しっくりくる「純粋な願い」が自然と現れます。その瞬間は、まるでひらめいたような感覚に包まれるでしょう。
この願いをキャッチしたら、次のステップへと進む準備が整います。

また、神社仏閣《ぶっかく》などに行き、手を合わせて頭の中を空っぽにして、
「私の純粋な願いを引き出して、私をお使いください。
私はその純粋な願いで、この世界に貢献《こうけん》します」
と祈ることも結構、願いが現れやすくなります。

この中のどれでも構いませんが、あなたがやってみようと正直に思うことを実験してみてくださいね。

ポジティブなエネルギーを放《はな》つ

願いを実現するためには、ポジティブなエネルギーを放ち続けることが重要です。ネガティブな感情や思考は、願いの実現を妨《さまた》げる障害となります。

日常生活の中でポジティブな態度を保ち、自分の目標に向かって前向きに進むことが必要です。

まず、自分の内側でどのような言葉を使っているのかに気づきましょう。

内なる声がどんな言葉を発しているかを意識することで、願いを叶えるための意識を育てることができます。

たとえば、

「今日は素晴らしい一日になる」

「私は目標を達成できる」

といったポジティブな言葉を自分にかける習慣をつけましょう。

自分の中で、

「嬉しい」

「やった！」

「できる、できる」

「私だからやれるんだ！」


などのポジティブな言葉を使うことで、内側からエネルギーが湧いてきます。

また、ポジティブなエネルギーを維持するためには、ポジティブな行動も大切です。

たとえば、感謝の気持ちをもち続けることや、日々の小さな成功を喜ぶことです。

目標を具体的にするために、見えないものを見えるかたちにする「ビジュアライゼーション（visualization）」を行うことも効果的です。

目を閉じて、目標を達成した自分の姿を鮮明《せんめい》にイメージし、そのときの感情や状況を具体的に感じとります。

たとえば、新しい仕事で成功し、まわりから祝福されている自分をイメージし、その喜びや達成感を味わうことが大切です。

ポジティブなエネルギーを放つことは、願いを実現するための大切なステップです。

日々の生活の中でポジティブな言葉を使い、ポジティブな行動を取り入れることで、願いに向かって前進するエネルギーが自然と高まっていきます。

「このようなエネルギーを放っている自分をどんなふうに感じるか？」

「まわりにどんな影響を与えているだろうか？」

と観察しながら、過ごしてみてくださいね。

軽やかに行動を起こす

「心の純粋な願い」を実現するためには、具体的な行動を起こす必要があります。**意図をはっきりさせ、最初の一歩を踏み出すことが重要です。自分がその願いを実現することについて強い意志をもつことで、まわりの否定的な意見に惑わされずに進むことができます。**

たとえば、新しいスキルを学びたいと決意した場合、まずそのスキルを学ぶための具体的なステップを計画します。

- オンラインコースに登録する
- 専門書を読む
- 練習時間を設ける

などの具体的な行動を起こしましょう。

小さな一歩から始めることで、自信がつき、次第に大きな成果へとつながっていきます。

行動を起こす際には、自信をもつことも大切です。

自分が主人公であると信じ、自信をもって行動することで、願いを叶えるためのエネルギーが高まります。

自信をもつためには、過去の成功体験を振り返り、自分が成し遂げたことに誇りをもつことが効果的です。

以前に達成したプロジェクトや、克服した困難な状況を思い出すことで、自分の能力を再確認し、自信を深めることができます。

さらに、成功した姿を具体的にイメージし、その感情を味わうことも行動を起こすモチベーションとなります。

目標が達成された自分をイメージし、その喜びや達成感を感じることで、行動する力が湧いてきます。日々の小さな成功を祝うことも、モチベーションを維持するための重要な要素です。

行動を起こすことは、願いを実現するための不可欠なステップです。

具体的な計画を立て、小さな一歩から始め、自信をもって前進することで、願いは現実のものとなっていきます。

行動を起こしているうちに、楽しんでいる自分がいるのか？　それとも、苦しんでいるのか？　など、どんな氣分《きぶん》が湧き上がってくるかを体験してみてください。

そうしているうちに、どんなときに軽やかな氣分になっているか？　そうでないときは、どんなときなのか？　氣分が重いことは一旦やめて、軽やかに行動をとれることから継続してみてくださいね。

感謝で振動数を上げる

感謝の気持ちは、ポジティブなエネルギーを引き寄せるために重要です。

感謝のエネルギーは、幸運をもたらすご縁を引き寄せ、「願い」を一緒に叶えてくれる仲間やアドバイスをくれる人との出会いをもたらします。

毎朝、目覚めたときに、

「おはよう！　今日もありがとう。愛してるよ」

と自分自身に感謝の言葉や好意的な言葉をかけることで、感謝の気持ちを日常に取り入れることができます。

この習慣を続けることで、日常の中で感謝の気持ちが自然に湧き上がります。

具体的には、目覚めた瞬間に深呼吸をしながら、自分の心とからだに感謝の言葉をかけると効果的です。

日常生活の中で、ちょっとした優しさや親切心に対して感謝の気持ちを表すことも大切です。

家族や友人、同僚の親切に「ありがとう」と伝えることで、ポジティブなエネルギーが広がり、振動数が高まります。

また、感謝の気持ちをもち続けることで、心の豊かさを感じることができ、願いがより具体的に実現していく方向へ導かれます。

感謝の習慣を、ゲームのように取り入れることも効果的です。

たとえば、感謝を数えるカウンターをもち歩き、一日に何回感謝の気持ちを表現できるかを数えることで、楽しみながら感謝の習慣を身につけることができます。

これにより、自分の心も、まわりも明るくなり、ますますポジティブな出来事が引き寄せられるようになります。

感謝の気持ちは、ポジティブなエネルギーを引き寄せます。
これは、願いを実現するための重要な要素です。

日々の生活の中で感謝の気持ちをもち続け、ポジティブなエネルギーを高めることで、願いは確実に実現に向かって進んでいきます。

実際には、感謝ノートをつくって、一日の終わりに感謝日記をつけていると、感謝のエネルギーに満ちた自分に出会うこともできるので、やってみてくださいね。

感謝の気持ちが高まることによって、あなたの内に存在しているご縁がある人や場所や出来事にも日々、気づくことができるようになっていくでしょう。

内なる声にしたがって行動する

内なる声とは、自分の深い部分から湧き上がる直感やインスピレーションのことです。この声は、私たちの本当の望みや必要なことを教えてくれます。

たとえば、「これだ！」と思う瞬間やふとしたひらめきは、内なる声が発しているサイン。内なる声に耳を傾《かたむ》けることで、よりよい選択ができ、自然と行動に移すことができるようになります。

内なる声を聴《き》くための簡単なステップは次の通りです。

（1）静かな場所を見つける

リラックスできる静かな場所に座り、目を閉じて外の雑音を遮断《しゃだん》します。

（2）深呼吸をする

ゆっくりと深呼吸を繰り返し、からだと心の緊張を解《と》きます。

（3）からだ全体をリラックスさせる

呼吸を意識しながら、頭の天辺《てっぺん》から足の先までリラックスします。

（4）内なる声に問いかける

「いま、何をすればいいのだろう？」と自分に問いかけ、心に浮かんでくる答えに耳を傾けます。最初は小さな声かもしれませんが、繰り返すうちに、内なる声がはっきりしてきます。

内なる声を信じ、そのアドバイスにしたがって小さな行動を始めましょう。

「今日は別の道を通ってみよう」といった些細《ささい》な直感にしたがうことからスタートします。

行動した結果を観察し、うまくいった経験は記憶にとどめて、内なる声への信頼を深めていきます。

つながりを大切にする

人とのつながりは、願いを実現するために欠かせない要素です。

よい人間関係を築《きず》き、互いにサポートし合うことで、「願い」を叶えるための自分のエネルギーを高めることができます。助け合いや協力を通じて、自分の夢に一歩近づくことができます。

人とのつながりを大切にするために、意識することがあります。

それは、あなたの在り方。それが人とのつながりを深めたり、細めたりしていきます。

その在り方とは、あなたが「何を大切にして人生を送っているか?」ということに関わっています。

あなたは自分をどんなふうに大切にしていますか？

自分に優しく、正直に、愛をもって接していますか？

もし、そうであれば、人とつながるときも同じように接していくことで、人と人の間にある目に見えない糸がつながって、その糸を通して、あなたの優しさ、正直さ、愛が振動して、相手に伝わっていきます。

そうした心地のよいつながりを自分も相手も体感して、ご縁が深まっていき、相手の「願い」も自分の「願い」も叶えていく意識が芽生えていきます。


ご縁を深く感じると、お互いを大切にすることを優先する意識が目覚めていきます。

この意識により、さらにお互いの人生を豊かに幸せにする運命へと歯車が動き始めていき、自分の願いも相手の願いも叶う世界へと自ずと向かっていくようになるのです。


相手とのご縁を深く感じると、お互いを大切にする意識が芽生えます。

この意識は、互いの人生を豊かに幸せにする運命へと導く歯車となります。

相手に対して感謝の気持ちを表すことで、関係がより深まります。ラインやメッセンジャーで感謝の気持ちを伝えることで、相手に自分の思いが伝わります。

□ 助け合いの精神をもつ

困っているときには助けを求め、逆に相手が困っているときには手を差し伸べることで、互いの信頼関係が強化されます。

たとえば、仕事で困っている同僚にアドバイスを提供したり、家族の問題に対して共に解決策を考えたりすることが大切です。

□ ともに成長する喜びを分かち合う

互いの夢や目標を共有し、ともに成長する意識をもつことで、より強い絆《きずな》が生まれます。

たとえば、友人や同僚とともに自己啓発のセミナーに参加したり、共通のプロジェクトに取り組んだりすることで、ともに成長することができます。

毎日の小さなコミュニケーションによって、相手とのつながりが深まります。

毎日の挨拶やちょっとした会話を大切にしましょう。

朝出社したときに「おはようございます」と笑顔で挨拶することで、職場の雰囲気が明るくなり、関係が深まります。

□ 共通の趣味や興味を見つける

相手との共通点を見つけることで、話題が広がり、つながりが深まります。

たとえば、同じ映画や音楽が好きな場合、それについて話し合うことで、関係がより親密になります。

□ 定期的な遊びのイベントをやってみる

家族や友人、同僚との定期的な遊びのイベントを開催することで、関係を維持《いじ》し、深めることができます。

たとえば、月に一度の食事会やスポーツイベントを企画することで、自然な形で交流が続きます。

継続する力をもつ

途中で挫折《ざせつ》せず、コツコツと努力を続けることで、必ず成果が現れます。困難に直面しても、あきらめずに前進し続けることで、最終的には「願い」が実現するでしょう。

継続する力は、ご縁を活《い》かして、互いの「願い」のために惜《お》しみなく努力ができることで生まれます。努力や苦労が軽く感じられ、行動できる力になっていくのです。

継続するためには、自分自身を勇気づけることが大切です。

毎日の進捗《しんちょく》を記録し、自分がどれだけ頑張ったかを振り返る時間をもちましょう。具体的に叶ったことや嬉しかったことを書き留めることで、自分の成長を実感できます。

自分に対してポジティブな言葉をかけ続けることも大切です。たとえば、「今日はここまでやれたね」「ここまで頑張ったね、すごいね」と自分を褒《ほ》めることで、モチベーションが維持されます。

少しでも何かが叶ったときを振り返り、そのときの自分を思い出し、その達成感を感じることで、継続する力を強化できます。成功した自分を振り返ることで、毎日の努力が意義あるものと感じられます。

ご縁を活かすことで、継続する力がさらに強化されます。応援してくれる人とのコミュニケーションや、友人や同僚、上司と定期的にコミュニケーションをとることで、励《はげ》ましやアドバイスを受けることができます。

「一緒に応援してくれている〇〇さんに伝えてみようね」

といった声がけは、お互いのモチベーションを高め合う効果があります。

また、コミュニティへの参加が継続力をキープしてくれます。ご縁のあるコミュニティに属することで、継続するための支《ささ》えを得られます。

応援をもらったり、頼ることができる仲間がいると、壁を乗り越えて進む力になります。

自分が心地よく、正直にいられるコミュニティに参加することで、やり続けるエネルギーが循環《じゅんかん》していきます。

また、経験豊富なメンターを見つけることで、継続のための具体的なアドバイスや励ましを受けることができます。メンターは、自分の「願い」を実現するために必要な知識や経験を共有してくれる貴重な存在です。

継続するためには、具体的な行動を起こすことが重要です。

次の方法で行動計画を立てましょう。

【短期的に実践する行動は何か？】

それを行動に移すことで達成感を得ることができます。

【長期的に行動するために何をするか？】

ということも同時に決めておくのが大事ですね。短期の行動の積み重ねが長期の行動につながるようにします。

大きな目標があれば、それを小さなステップに分けて、具体的な行動計画を立てます。

たとえば、毎日1時間の勉強をすると決めるなど、具体的な行動を設定することで、「願い」に向かって一歩ずつ進むことができます。

行動計画が順調に進んでいるかを定期的に確認し、必要に応じて修正します。進捗を把《は》握《あく》することで、叶えることへの道筋が明確になり、継続する力が強化されます。

自己管理を徹底することも、継続するために重要です。

毎日のスケジュールは余裕をもたせ、目標に向かうための時間を確保します。無駄な時間を減らし、効率的に過ごすことで、継続する力を保ちます。

心身の健康を保つことも重要です。適度な運動やバランスのとれた食事、十分な睡眠を確保することで、エネルギーを維持し、継続する力が高まります。

ストレスを溜め込まないようにすることも大切です。リラックスする時間をもち、ストレスを解消する方法を見つけることで、心の余裕が生まれ、継続する力が保たれます。

第2章

［Believe］

ご縁の奇跡を信じる

信じる力がもたらす運命の瞬間

人生に偶然はない

私たちの生活の中で、目には見えないつながりや偶然の一致がたびたび起こります。

ですが、それらは単なる偶然ではなく、運命的な出会いや出来事を引き寄せる力、ご縁の働きかもしれません。ご縁を信じることで、私たちは新たなチャンスや可能性を感じ、運命を切り開くための行動を起こすことができるのです。

しかし、多くの場合、疑念や不安が私たちの心を曇らせ、ご縁の力を信じるのが難しくなることがあります。信じることを恐れ、心を閉ざしてしまうと、目の前のチャンスや出会いが見えなくなり、運命的な瞬間を逃してしまうことも少なくありません。だからこそ、ご縁の力を信じることは、ポジティブな結果を引き寄せるための鍵となるのです。

信じる心が私たちの行動を後押しし、その結果、人生において素晴らしいご縁が次々とつながっていくのです。

この章では、ご縁の力を信じることが運命を切り開く鍵であることを探求していきます。それは、新たな可能性に満ちた人生を歩んでいく一歩になるはずです。

信じる力の本質を思い出す

ご縁には私たちが想像できないほどの力があり、その力を信じることが人生を大きく変える鍵となります。

実際、ご縁を信じることで生まれるエネルギーは、行動を促《うなが》し、新しい出会いや展開を引き寄せることが多々あります。

ある日のことです。

書店で一冊の本を手にとりました。

その本のタイトルが、私の第一作目の著書と同じだったのです。

その瞬間、全身に電気が走るような感覚を覚え、著者とのご縁を強く感じました。

私はすぐにその本を買い、読み進めました。外国の方ですが、最後に記載されていた著者のプロフィールにメールアドレスがあったので、私は思い切ってメールを送りました。

そのメールでは、同じタイトルの本に出会ったことに感動し、「ぜひ日本でセミナーを開いてほしい」と率直にお願いしました。内なる声にしたがい、その願いを形にしたのです。

驚くべきことに、3日後に返信がありました。

「1週間後に成田空港のホテルに滞在するので、会いに来ませんか？」という内容でした。

私はそのご縁を信じ、1週間後に実際にお会いすることができました。そして、それが、その後も続く多くのご縁とチャンスを生み出すきっかけとなったのです。

この経験から、ご縁がある人とは、自然な流れで出会えるという確信をもつようになりました。その後、その著者は何度も日本を訪れ、出版やセミナーが実現しました。ご縁を信じて行動することで、私だけでなく、相手にとっても新しい運命の扉が開かれたのです。

ご縁を信じることで、自分自身だけでなく相手にも貢献したいという純粋な気持ちが湧

き上がり、その行動がさらに新たなご縁を引き寄せるのです。

ご縁は、時に運命的な出会いやチャンスをもたらし、人生を大きく変える力をもっています。

相手の喜びや望みを自分のことのように感じ、行動を起こすことで、驚くような展開が待っています。

ご縁の力を信じることで、私たちは運命を自分の手で切り開くことができます。

そして、その力は、自分を成長させ、相手との絆を深めるための大切な要素となります。

すべてのご縁に感謝し、その力を信じて行動することで、私たちはより豊かで充実した人生を築いていけるのです。

運命の瞬間を引き寄せる

人生の中で、最悪と思えるような出来事には、必ず人が関わっています。
そのときのことを思い出すだけでも、氣分が悪くなったり、そのときに味わった感情も湧き上がってくることがあります。

しかし、そんな出来事でさえも、実は、いまのあなたの運命を開いていく、きっかけにすることができるのです。

起きた出来事に対して、ポジティブなマインドをもつことを習慣づけると、運命の決定的な瞬間を引き寄せていることに気づけるようになります。

この人が運命の人だと思って、その人とつき合うために、一生懸命おしゃれをしたり、髪型を変えたり、考え方まで変えようと努力をしたこともあったでしょう。

けれども、あなたの大好きな熱量と相手の好きな熱量が違いすぎて、ご縁が続かない、ということもあります。

そのときに、フラれた側に立ってみると、

「私の何が問題だったのか?」

「結局、私は好きになった人には好かれない」

「私の運命の人って本当に現れるのだろうか?」

と頭の中のネガティブな会話が始まり、負のスパイラルに入ることがあります。

そして、自分に自信がもてなくなり、もう二度と誰かを好きになりたくないというところまで気持ちが落ち込んでしまうこともあるでしょう。

でも、落ち込んだときにこそ、運命の瞬間を手にするか、運命をあきらめるかを選ぶことができるのです。それは、落ち込んだ自分にかける言葉で変わっていきます。

「どうせ私は大好きな人とは結ばれない」

と決める運命を選ぶか、

「大好きになった人以上の人が現れる」

と決める運命を選ぶか。

この二つの選択肢を決定する力があるのは、間違いなく本人なのです。


どうでしょうか？　あなたがその立場にいたら、どちらを選びますか？

そして、その選んだことが自分の運命を決定づけることに影響するとしたら、大切な自分のために選ぶのは、絶対に後者の未来に希望をもつ選択です。

このように、日々の中で運命を決定づける瞬間のマインドが育っています。

だからこそ、意識的にポジティブなマインドで対話をすることで、運命をさらに開いていく力をもてるようになるのです。

日常の中で運命を信じる力を実践するためのおまじないがあります。

毎朝のおまじないとして、自分に伝えてあげましょう。

「今日も私には最高のご縁がめぐっています。
幸運が降《ふ》り注《そそ》いでいる一日となります。
私と出会うすべての人は幸せになりました。
ありがとうございます」

というおまじないのような軽やかで楽しくなる言葉を発して、一日をスタートします。

一日のスタートはこのような軽やかなエネルギーでいることで、脳にも心にも明るいエネルギーが満たされている状態になっていきますね。

そんな状態を続けることで、毎日関わる人が違っていても同じでも、相手に好感を与え、誰かを照らす言葉をかけやすくなります。

自分にかけた言葉が相手へと伝播《でんぱ》し、ご縁のめぐりが温泉につかっているかのように気持ちのよい状態になって広がっていきます。

無《む》邪《じゃ》気《き》な心と好奇心をもつ

無邪気な好奇心に満ちた子どもは、運命の瞬間を毎日のように体験しています。

誰もが子ども心を、大人になってももっています。

このような無邪気な心で過ごしていると、からだも心も思考もオープンになっている状態なので、気づいたら運命的な出来事を引き寄せていることがあります。遊んでいるように過ごすことで、無邪気さや好奇心が蘇《よみがえ》ります。

子どもたちは過去の後悔や未来の不安にとらわれることなく、「今ここ」に存在しています。彼らの心は純粋で、毎日が冒険であり、すべての出来事が新鮮な驚きに満ちています。

大人になっても、子どものような純粋な好奇心と喜びを、忘れてしまわないことです。

私たちが過去の傷や未来の不安にとらわれずに、「今ここ」に生きることができれば、運命の瞬間をより多く体験できるのではないでしょうか?

子どもたちのように、目の前の瞬間を楽しむことによって、私たちは宇宙の大いなる流れに乗り、自分自身の運命を切り開くことができるのです。

以前、ネイティブ・アメリカンの浄化《じょうか》の儀式《ぎしき》に参加したときのことです。

一緒に歌って、祈って、涙を流した後に、その体験を円陣を組んでシェアしたとき、ある女性が胸元につけていた珍しいペンダントが気になって、

「そのペンダントから目が離せなくなったのだけど、それはどこで買ったの?」

と話しかけてみました。

すると、「ああ、これね?」と嬉しそうな顔で、「クイチにもらったのよ!」と答えてくれました。

「クイチって誰ですか?」と聞くと、「ペルーのシャーマン」と答えてくれました。

来月にまた、ペルーで、そのリトリートがあると教えてくれました。すぐに、「それには

行かなくっちゃ」と直感が働き、翌月、私はペルーにいました。

これが運命の瞬間です。

あのとき、彼女に会わなかったら、声をかけていなかったら、ペンダントのことを聞いていなかったら、ペルーにも、シャーマンにも、アンデス山脈に存在している目に見えない虹の光の同胞団にも、出会うことはなかったのです。

この運命の瞬間が私の未来を大きく変えてくれ、このご縁のおかげで次から次へと人生が大きく変化していきました。正《まさ》にご縁の賜《たまもの》です。

目の前の瞬間に意識を向けて、全力で楽しむこと。それが、真の幸福や進化や成長をもたらす鍵です。

子どものような無邪気さと好奇心で新しいことを発見したり、学んだり、体験したりすることで、自分の人生をより豊かで充実したものにできるでしょう。

直感で人間関係を深める

直感は私たちの魂《たましい》の声であり、目に見えない世界からのメッセージを教えてくれます。

直感を信じることで自己信頼と他者信頼を深めることができます。


では、直感とは何か。


直感とは、私たちの内なる知恵や真実を瞬時に感じとる能力です。

本能的にキャッチする能力であり、心の奥底から湧き上がる感覚や洞察《どうさつ》やイメージです。

直感は、私たちが本来もっている純粋なエネルギーや宇宙とのつながりからもたらされるものであり、それにしたがうことで、私たちは最も自然な形で進むべき道を見つけることができます。

そこには、人やものや場所との運命を開いていくご縁へと導く数々のヒントがちりばめられています。

直感を通して、次々に引き出されていくご縁の連鎖反応が起きている日常に気づくことができるでしょう。

直感を信じることは、自己信頼の第一歩です。

自分の内なる声を尊重し、その導きにしたがうことで、自分自身に対する信頼感が増します。

直感にしたがって、いつもとはまったく違う道を通り、駅に向かうと、思いがけない人との出会いがあったり、探していたものが店のウィンドーに飾られているのを見つけたりして、直感はご縁をつないでくれます。

このように直感にしたがって日常を送ることで、自分自身が望んだ現実を叶えることができるという強い意志をもてるようになり、自分が現実をつくるために何が必要かについても素直に気づき、行動をとることができるようになります。

また、直感を信じることは他者に対する信頼感も深めてくれます。

直感に基づいて行動することで、私たちは他者との間に深い信頼と絆を築くことができます。

なぜなら、直感は私たちの最も純粋な意図を反映しており、それを共有することで、他者も私たちの真実に共鳴するからです。

たとえば、この夏に音楽のフェス「SWEET LOVE SHOWER 2024」というものがありました。

私は夏の音楽フェスには行った経験もなかったのですが、友人が「楽屋にも行けて、美味しいものが食べられるし、これから有名になる人の歌も聞けるよ」と誘ってくれました。

直感でその「LOVE SHOWER」という言葉がピンときて、行くことに決めました。

山中湖で開催されたフェスの楽屋裏を初めて体験したのですが、友人のお誘いに乗ることを直感で決めて信頼したことで、その友人への感謝とご縁がこのフェス以降も深まりました。一つの直感が導いてくれるご縁は計り知れませんが、大切なのは、目の前の人を信じて、ご縁がどこにつながっていくかは委《ゆだ》ねて信頼すればいい、ということです。

直感を育むためには、いくつかの具体的な方法があります。

（1）静かな時間をもつ

毎日、少しの時間でもいいので、静かな場所で心を落ち着かせ、からだも心も頭の中もリラックスしてバランスをとるようにしましょう。リラックスしているときが最も直感が働きやすくなり、直感から湧き上がってくるイメージや言葉や思い浮かぶことに意識を向ける余裕がもてるようになります。

（2）日常のルーティンで直感を磨《みが》く

朝起きたら、パッと思い浮かぶ色の洋服を着て出かけたり、ランチのことを考えたときに頭にパッと浮かんだ食べ物を食べたりするだけでも直感が磨かれていきます。スマホを見る前に、ラインに届いているメッセージの数や、誰からメッセージが来ているかを思い浮かべてみることも直感を育てる楽しい方法です。

(3)からだの感覚に注意を向ける

直感はしばしば身体の感覚として現れます。心臓の鼓動《こどう》が速くなったり、胃が緊張したりすることがあります。呼吸をしながら、からだが何を感じているかに意識を向けて、からだに話しかけてみて、そこにある感情に気づいたら、その感情を観察してあげます。からだの感覚に注意を向けることで、直感が磨かれます。

今日はもう休もうと感じたり、そろそろその場を離れたほうがいいと教えてくれたりもします。注意を向けることで、からだの感覚が教えてくれるメッセージがより受けとれるようになっていくでしょう。

疑う力から自分を解放する

日常生活の中で、私たちはしばしば疑念や不安に襲《おそ》われます。

このような感情は、私たちのエネルギーを奪い、前進する力を妨げるものです。それどころか、信じる力を奪い、ご縁の奇跡が起きていることに蓋《ふた》をしてしまいます。

その結果、ご縁で引き寄せたチャンスを活かす行動にさえ歯止めをかけて、挫折感や妥協してしまう体験を引き寄せてしまいます。

そうした疑う力の魔力から自分を解放することで、ご縁の力の働きと、真の信じる力を発揮《はっき》することができるようになります。

疑念や不安や恐れを乗り越える方法、ネガティブな影響からの解放、そして信じる力をもち続けるための具体的なヒントについてお話しします。

疑念や不安を乗り越えるためには、自分にある意志の力を使います。あなたがご縁で奇跡を起こす意志をもち、素直な心で自分の疑念や不安や恐れに気づくように働きかけます。

疑念や不安や恐れを体験しているときには、あなたのからだが一定の反応を示します。大抵の場合は、緊張感や硬直感《こうちょくかん》を感じているので、これがサインだと気づいてあげましょう。その状態を無視したり、抱《かか》え込《こ》んだりすることなく、その状態になっている自分に気づいたら、そのままの自分を認めてあげましょう。

起きている状況と状態をありのままに受けとめたら、その感情が起きた原因や背景を理解するために、自分に問いかけて、安心して、自分との対話の中で、自分が本当にどうしたいかについて探っていきましょう。

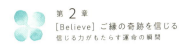

自分の心の中で対話することもいいかもしれません。

人によっては「ジャーナリング（journaling）」といって、自分の疑念や不安を紙に書き出すことをして感情を客観的に見ることができます。

「ジャーナリング」は、「書く瞑想《めいそう》」といわれるもので、頭に思い浮かんだことをありのままに書くことで自分を知り、ストレスを軽減し、メンタルヘルスを高める方法です。

書き出した後、それがどれほど現実的であるかを見直してみてください。多くの場合、書き出すことで感情が整理され、解放されることがわかります。

そのプロセスを終えて、ポジティブな「アファメーション」（なりたい自分を手に入れるための自己宣言）をすることで、重かった感情から軽やかな感情に変換することができるようになります。

自分自身に対してポジティブな言葉を繰り返し唱《とな》えることで、不安を和《やわ》らげることができます。

たとえば、

「私は安全で守られている」

「私は自分を信じることができる」

「大丈夫、すべてはうまくいっている」

などのアファメーションを日々唱えてみましょう。

時にはネガティブな影響からの解放が必要なことがあります。

自分自身のポジティブなエネルギーを保ち続けるためには、「エネルギーバウンダリーの設定」が必要かもしれません。

「バウンダリー（boundary）」とは、「境界」「限界」「範囲」を意味します。

「エネルギーバウンダリーの設定」というのは、自分と他者の境界線を設定するということです。エネルギーバウンダリーを設定することで、自分自身をネガティブなエネルギーから守るのです。具体的には、日々の静かな時間をもち、深呼吸をして、十分リラックスしたら自分を光の球体で包むイメージをもつことが有効です。


また、自分のまわりにネガティブな環境や人々がいることもありますが、そんなときは他者から一定の距離を置くことで、自分が安心できる状態を保つことをおすすめします。

その環境が家族の中にあれば、大切なことは、そのネガティブな行動に引っ張られないために、エネルギーバウンダリーを使いながら、常に会話のトピックを変えながら、ネガティブなエネルギーを充満しないように意識を違う方向へと向けていくことです。

ネガティブな環境や人々に対して反論や反発をすることで、ネガティブなヴォルテックス（渦《うず》）へと自分を招いていくことになりかねません。

だからこそ、そのような人を変えようとするのではなく、あなたから与えられるポジティブな言葉やエネルギーを送るようにしてみましょう。

その日に起きた感謝したい出来事について話したり、目の前の人を褒めることに意識を向けて、あなたの内側にポジティブな影響を与えるようにしておきましょう。


疑う力の魔力から自分を解放することは、私たちが本来もっている信じる力を取り戻すための第一歩です。


これらの方法を実践することで、ネガティブな影響から解放され、真の信じる力を発揮することができるでしょう。

信じる力が、人生に奇跡をもたらし、素晴らしいご縁を引き寄せてくれていることを信じて次に進んでいきましょう。

第3章

［Open］

新たな出会いに心の扉を開く

オープンマインドが人間関係の始まり

人生の可能性を広げる

この章では、新たな出会いに心を開くことが、人生にどれほどの変化をもたらすかを探求します。日常の中で、私たちはしばしば無意識のうちに心に壁をつくり、出会いのチャンスを逃していることがあります。

心の扉を閉ざしてしまうと、出会うはずの人々や経験が遠のき、可能性が狭《せば》まってしまうのです。しかし、オープンマインドでいることで、まったく予期しなかった素晴らしいつながりやチャンスが舞い込んでくるのです。

私自身、心を開くことによって力が生まれることを何度も体験してきました。

オープンマインドになることで、心の壁が消え、私たちは新たな出会いから豊かな学びと成長を得ることができるのです。

心の壁を取り払い、どのようにして新たな出会いに心を開くのか。

オープンマインドの力を活かして、自分自身や他者との関係性を深め、人生の可能性を広げる方法を探っていきましょう。

心の壁を取り払う

オープンマインドは、新たな出会いの始まりで避けることはできません。相手に対して心を閉ざしていると、偏見《へんけん》や先入観によって人間関係の可能性を狭めてしまいます。自分の中の心の壁を取り払うことで、楽になり、自分と相手に自由と無限の可能性が広がっていきます。

私にもオープンマインドの力を実感したエピソードがあります。ある日、アメリカでスピリチュアルセミナーに参加した際、初めて会った女性がいました。その方は、私とはまったく異なる背景をもっており、初めはどのように接すればよいかわからず、緊張して、心の扉を閉ざしていました。

「自分が心を開いて、相手の話を聞いてみることから、始めよう」

と自分自身に言い聞かせて、意識を変えてみました。

自分の心の壁を取り払い、笑顔で相手の話を聴いているうちに、緊張も解けて、楽しく接することができるようになりました。

すると、私たちの間には驚くべき共鳴が生まれ、深い話ができるようになり、根っこにある優しい気持ちでつながりました。

そして、有り難いことに、彼女の住んでいるシカゴにも遊びに行くことになり、世界を広げる友人となっていきました。もし私が心を閉ざしていたままなら、この素晴らしい出会いは実現しなかったでしょう。


心を開くことで、未知なることを体験できたり、新たな視点や知識を得ることができ、自分自身への気づきが深まります。


心の壁を取り払うためには、まず自己認識と自己受容《じゅよう》が必要です。

自分の中に出来上がっている、人との関係を築くことへの恐れや苦手意識を取り払っていくことができるか？　――このチャレンジをしていく中で、きっと、恐れや苦手意識にとらわれていた自分を解放することができるでしょう。

大抵《たいてい》の場合は、過去に言われたことから心を閉ざして、人と関わることが億劫《おっくう》になったり、怖くなったり……それが、心を閉ざす原因になっていることが多いでしょう。

そのときに痛みとともに、自分の思った大切なことを汲《く》み取《と》って、そのときの自分を受けとめてあげることで心が楽になっていきます。


また、自分の中にある偏見や先入観に気づいて、自分の中の自己否定や他者否定をする認識を退《しりぞ》けるために、どうするか？　を選んでいきます。

何よりも偏見や先入観を手放す勇気をもちましょう。

瞑想やジャーナリングを通じて自己探求を深めることも役立ちます。

そして、日常生活の中で意識的に心を開く練習をしましょう。

たとえば、新たな出会いを恐れず、積極的にコミュニケーションをとることです。

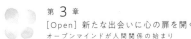

相手が心を閉ざしていたとしても、恐れずに、あなたの笑顔と言葉がけをすることで、あなたのほうからオープンマインドで行動を起こしましょう。

最初の言葉がけには勇気がいるので、自分の得意なトピックから入ってみて、相手が興味があるようであれば、相手にも質問を投げかけて、オープンマインドを行動で示していきます。

また、相手が興味あるトピックを知るために、自己開示をしながら、相手に質問を投げかけて、オープンハートになるためのやりとりをしてみましょう。

オープンマインドの力は無限大です。

心の壁を取り払うことで、私たちは新たな出会いと可能性を迎え入れることができます。

心を開いて新たな出会いを受け入れることを恐れずに、人生を豊かにする一歩を踏み出してみてください。

多様性を受け入れる

異文化や異業種の方々との交流は、新たな視点と知識をもたらす素晴らしい機会です。異なる文化や背景をもつ人々との出会いは、視野を広げ、成長の機会を提供してくれます。業種業態が違う人との交流も同じく、未知の世界が身近なものになっていきます。多様性を受け入れることで、より豊かな人生を築くことができます。

異なる文化や価値観をもつ人々との対話は、私に新たな視点を与え、自分の固定観念を見直すきっかけとなりました。

アメリカに留学していたときに、ホストファミリーの家に1か月ほど滞在しました。

そこには、5歳のメアリーちゃんがいました。5歳なのですが、自分の部屋で寝起きをしていたり、お風呂も一人で入っていました。そして、母親のアイリーンさんがメアリーちゃんに意見を聴いて、大人と同じように会話をしていたのを見たときに、たった5歳で、自分の意見を親に自由に正直に伝えられることに驚きました。

日本では、親が子どもの意見を聴くことが少ないだろうし、5歳ぐらいだと、一人で部屋で寝るような習慣などはあまりないかもしれません。自立心を小さい頃から育てているのだと思いました。

異文化交流の魅力は、多様性を受け入れることで得られる、新たな発見と成長にあります。異なる文化や背景をもつ人々との交流は、私たちの固定観念を打ち破り、より広い視野をもつことを可能にします。また、多様性を受け入れることで、他者への理解と共感が深まり、人間関係がより豊かになります。

多様性を受け入れるためには、まず自分自身の偏見や先入観に気づくことが重要です。

私たちは無意識のうちに、自分と異なるものに対して拒絶《きょぜつ》反応を起こしたり、抵抗を感じることがあります。

異質なものへの脅威を感じることがあります。

しかし、その反応がさらにご縁を広げていくチャンスへと導いてくれているのです。自分に起きた反応を丁寧《ていねい》に観察して、自分の内側で異質な人やものに対して決めつけていたことが何であったかに気づいていけば、抵抗することから、理解することに変換されていきます。その抵抗を乗り越え、心を開いて異文化を受け入れることで、新たな発見と知恵を得ることができます。

異文化交流は、新たな視点と知識をもたらし、自己成長の絶好の機会を提供してくれます。多様性を受け入れることで、より豊かな人生を築くことができます。

異文化交流の魅力を体験し、新たな視点と知識を得て、人生の深みを体験していくためにも、積極的に行動を起こしてみましょう。

共感力を育てる

共感は、他者との深い絆を築くために欠かせない要素です。共感することで、私たちは他者の気持ちや考えを理解し、純粋なつながりを感じることができます。

共感力を活用することで、人間関係はより豊かで意味のあるものになります。


あるセッションをしたときのことです。そのクライアントは、深い悲しみと苦しみを抱《かか》えていました。

彼女は、病気にかかっていたときに、夫が浮気をしたうえに、家を出て行ってしまったのです。世界で一番信じていて、精神的にも肉体的にも一番サポートが必要だったときに、このような出来事を体験しました。

彼女の話を聞きながら、私は彼女の気持ちに寄り添い、共感することを心がけました。最初は心を閉ざしていた彼女でしたが、しだいに心を開き、その悲しみや苦悩から解放されていきました。

これからの人生で大切な人と深い信頼関係を築いていくためには、日常のコミュニケーションの頻度《ひんど》や正直さが必要だったと気づいたそうです。これまでの自分は、それができていなかったと悟《さと》ったのです。

共感力は、他者の視点に立つことから始まります。

私たちは、自分の視点で物事を見がちですが、他者の立場に立って考えることで、より深い理解と共感が生まれます。共感することで、他者の感情や考えを受け入れ、支え合う関係を築くことができます。

共感を高めるためには、まず他者の話に耳を傾けることが重要です。

相手の話を真剣に聞き、彼らの感情や考えに寄り添う姿勢をもちましょう。

また、自分の感情や経験を共有することで、相手との共感を深めることができます。共感は、相互の理解と尊重を基盤としています。

共感の力は、他者との深い絆を築くために欠かせません。共感することで、私たちは他者の気持ちや考えを理解し、真のつながりを感じることができます。

共感力を高めていくと、新たな視点を取り入れることができるようになります。

自分自身の人生の深みや幸福感を上げていくためにも、常に新たな視点を取り入れ、学び続ける姿勢が不可欠です。

そして、異なる意見を尊重することが新しい視点を与えてくれます。

そうした要素が組み合わさっていくことで、私たちはより広い視野をもち、深い理解と共感を築くことができるようになります。

新しい視点を歓迎する

新たな視点を取り入れるためには、まず自分自身の学びのスタイルを理解し、それに合った学びの機会を探すことが大切です。

人によっては読書を通して学び、体験学習を通して学んだり、人の話に耳を傾けて学ぶこともできます。

他者から学ぶことを恐れず、積極的にフィードバックを求める姿勢をもつことで、学びも深まります。

読書やオンラインコース、セミナーやワークショップに参加するなど、多様な学びの方法を活用しましょう。学び続けることで自己成長を遂げ、新たな出会いを迎える準備が整います。

私自身、日々の学びの中で多くの気づきと成長を得てきました。そして、それが新たな出会いや機会を引き寄せる原動力となっています。

異なる意見を尊重することは、オープンマインドでいるために欠かせません。異なる意見や価値観をもつ人々と出会うことで、私たちは新たな視点を得ることができ、深い理解と共感を築くことができます。

私が異なる意見を尊重する重要性を実感したのは、あるディスカッションでのことです。その場では、多様な意見が飛《と》び交《か》い、初めは対立がありましたが、お互いの意見を尊重し合うことで、最終的には共通の理解と解決策が見つかりました。この経験から、異なる意見を尊重することの価値を学びました。

異なる意見を尊重するためには、まず自分の意見に固執《こしゅう》せず、他者の意見に耳を傾けてフレクシブルでいることを心がけておきましょう。

それぞれの意見の背景にある価値観や信念に触れるきっかけができますし、相手や自分の本質が現れることもあります。

意見の相違は、対立や戦いということではなく、対話を通じてお互いの意見を理解し合い、共通点を見つけたり、課題の解決策を見つけることに貢献してくれます。

異なる意見を尊重することで、私たちは深い理解と共感を築き、新たな人間関係を育むことができます。

たとえば、職場やコミュニティでの会議やディスカッションの場で、積極的に他者の意見を聞き、自分の意見を共有することを心がけましょう。意見の違いを恐れるのではなく、それを新しい視点を得る機会と捉《とら》えましょう。異なる意見に触れることで、私たちは自身の考え方を見直し、新たな発見をすることができます。

〝自分とは違う〟ということを拒まないことです。

どちらも一つの考え方、かけがえのない存在。その立場に立てることで、新しい視点が開かれていきます。

予期せぬ出会いを受け入れる

予期せぬ出会いは、私たちの人生に豊かな彩《いろど》りを加え、新たな可能性を広げてくれます。流れのままに、予期せぬ出会いを受け入れることで、私たちは驚くべき発見と喜びを得ることができます。

ある旅行中のことです。まったく予期していなかった場所で、素晴らしい人との出会いがありました。それがきっかけとなって、新たなビジネスのアイデアが生まれ、その後の展開が大きく変わりました。

思いがけない展開に尻込みしてしまったら、新しいビジネスにはつながらなかったでしょう。「予期せぬ出会い」が、人生を切り開いてくれました。

予期せぬ出会いを受け入れるためには、心の準備が必要です。

固定観念や、最初に立てた計画にとらわれないことです。柔軟《じゅうなん》な心で新たな可能性を受け入れる姿勢をもちましょう。また、日常生活の中で意識的に新たな出会いを求めることも大切です。知らない場所に行ってみたり、興味のあるイベントに参加したりすることで、予期せぬ出会いのチャンスを増やすことができます。

予期せぬ出会いは、私たちに新たな視点と可能性をもたらし、人生を豊かにします。心を開いて予期せぬ出会いを受け入れることで、私たちは驚くべき発見と喜びを得ることができます。

突然のアクシデント！　思わぬ展開！　それこそチャンスのとき‼

予期せぬ出会いの喜びを体験し、新たな可能性を広げていきましょう。

ビジョンを共有する仲間を選ぶ

未来をともにつくるためには、どんなビジョンをもち、そのビジョンを共有できる仲間がいるかによって、目の前の現実が変わっていくように思えます。

共通のビジョンをもつ人々とつながっていくために、何よりも、自分が未来にどんなイメージをもっているか？　そのイメージを明確にもつことが先決です。

いままでの人生の中で鮮明なビジョンをもって、具体的に行動したことはありますか？

そのときの自分をイメージしてみてください。

そのビジョンは明らかにあなたの情熱や喜びを駆《か》り立《た》ててくれ、行動へと導いていたのではないでしょうか？

ビジョンをもつパワーは間違いなく、出会う力を発揮してくれます。

なぜならば、そのビジョンを誰かに話したくなるので、きっと、ビジョンが浮かんできたときに、まわりの人に、思わず話してしまいます。

ビジョンをもつと何が起きるか？

観察してみたら、大抵の場合、そのビジョンは常に新たなインスピレーションと可能性を見出す力となってくれます。

それが起きているときには、人や場所や必要と思うものとのご縁をつないでいくために、率先して自らが動いていきます。

しかも、ワクワク好奇心をもって動いているので、躊躇《ちゅうちょ》などもせずに進んでいけるのです。そうすると、まわりにいる人にもそのワクワク好奇心の振動が伝わっていき、協力して未来を創造する力になってくれるのです。

私が未来をともにつくる仲間たちの役割の大きさを実感したのは、あるプロジェクトを進めていたときでした。そのプロジェクトでは、さまざまな分野の専門家たちが集まり、共通のビジョンを共有していました。

初めは意見の違いや困難もありましたが、ビジョンを共有するために意識を合わせて、納得がいくまで、自由に意見を出し合って、ビジョンをつくり上げました。

その過程が楽しくなってきて、共通のビジョンができた途端、ビジョンに沿って、大切にすることは何か？　についても話し合っていき、大事にしていく価値観や信念などもつくり上げていったのです。


未来をともにつくるためには、まず自分自身のビジョンを明確にし、それを共有することが重要です。

自分のビジョンを他者に伝えることで、共通のビジョンをもつ人々との出会いが生まれます。また、他者のビジョンにも耳を傾け、共感と理解をもつ姿勢が大切です。

その流れの中に、共通のビジョンが分かち合えるチャンスが訪れます。

第4章

[Know]

自分を知り、他者を知る

深い理解が信頼関係を生む

真の願望に気づく

日々の生活の中で、私たちは時に自分が何を望んでいるのか、本当の自分は何者なのかを見失いがちです。ですが、自分を深く理解することができれば、人生における選択や行動がもっと意識的になり、日々の充実感や満足度が大きく変わってくるのです。

本心に問いかけ、日々の中で自分自身と対話をすることで、自分の中に隠れている真の願望や恐れに気づくことができます。「私が本当に望んでいることは何か?」というシンプルな問いを繰り返し自分に投げかけてみる。こうしたプロセスが、驚くほどの気づきをもたらし、行動の一貫性や目標達成への道筋を明確にします。

また、自分を知ることで、他者との関係性も劇的に変わります。深い自己理解は、他者を理解するための土台を築きます。自分が何を大切にしているかを明確にすることで、他者の価値観や感情にも共感しやすくなり、より強固な信頼関係を築くことができるのです。

自分自身を知る旅が、あなたにどんな変化をもたらすのか、ぜひ一緒に体験してみてください。

自己探求の旅

「セルフ・インクワイアリー（Self-inquiry／自己探求）」とは、自分が何者であり、何を本当に望んでいるのかを明確にするための重要なステップです。

この自己探求のプロセスを通じて、私たちは自分の本質に気づき、人生における選択や行動がより意識的かつ意図的になります。

自己理解が深まることで、自己受容が促され、人生により一貫性と充実感をもたらす土台が築かれます。

セルフ・インクワイアリーを通じて、自分の心の奥深くにある本当の願望や不安に気づくことがあります。これにより、人生の選択肢がクリアになり、どのような行動を起こせ

ばよいのかが明確になるのです。

では、自己探求を深めるために、どのような質問を自分に投げかければよいのでしょうか？　ここにいくつかの基本的な問いを紹介します。

①「私が本当に望んでいることは何か？」

この質問は、表面的な欲望ではなく、心の奥深くにある本当の願望を掘り下げるものです。たとえば、「成功したい」と思っていても、その裏には「他者に認められたい」という深い欲求があるかもしれません。心の中に隠れた本当の望みに気づくことで、より意味のある選択ができるようになります。

②「私の恐れや不安の根源は何か？」

恐れや不安は私たちの行動を制限しがちです。これらの根源を探ることで、なぜ不安や恐れを感じるのか、そしてどうすればそれを乗り越えられるかを理解できます。根本的な原因に気づくことが、行動を自由にし、未来への行動を促す鍵となります。

③「私が最も大切にしている価値観は何か？」

私たちの価値観は、行動や選択を導く基本的な軸です。この質問を通じて、自分が本当に何を大切にしているのかが明確になります。価値観に基づいて選択することで、自分にとって最も満足感のある人生を築くことができます。

【セルフ・インクワイアリーを実践するためのステップ】

一日1問でもよいので、毎日自分に問いかける時間を設けましょう。

たとえば、毎朝10分を自己探求のための時間として使います。その日の氣分や状況に応じて、次のような質問をしてみましょう。

「自分のどこが好きなのか？」
「どんなときに幸せを感じるか？」
「自分は○○についてどう感じているか？」

自分を一番大切にしてくれている人が質問をしてくれるとしたら、どんな問いかけを期待するか？　そんな視点で質問を選んでみてください。

このプロセスを繰り返すことで、自己理解が深まり、自分自身に対する信頼感や自己受容が増していきます。

自己探求は、私たちが本当に望んでいる方向に進むためのの強力なツールです。
毎日の小さな探求が、あなたの人生に大きな変化をもたらすでしょう。

心のバランスとセルフケア

心の健康が保たれていると、自己受容や他者理解も自然に深まります。より心地よい自分といられて、他者との関係も、適度な距離感を保つことができます。

日常のチャレンジや困難にも前向きに対処でき、自己理解が進みます。

メンタルウェルネスは、からだの健康とも密接に関連しており、心身ともにバランスのとれた状態を保つことで成り立っています。メンタルウェルネスとは、心の健康を維持し、ストレスを効果的に管理し、全体的な幸福感を高めることを意味します。

ここでは、セルフケアの具体的な方法を紹介していきます。自分にとってフィットして、腑《ふ》に落ちて続けられることだけを選んで実践してくださいね。

（1）瞑想を実践してみる

心を落ち着け、内なる静けさを見つけるための瞑想の実践がおすすめです。

たとえば、毎朝10分間の瞑想を行うことで、心の中の雑音を減らし、内なる声に耳を傾けやすくなります。また、レムリアの覚醒瞑想は、現在の瞬間に集中することで、過去や未来の不安から解放される助けとなります。

まずは、このシンプルな古代からのマントラ（真言《しんごん》）「エ・アラ・エー（E ala e）」を唱えてください。

このマントラの意味はハワイ語にも残されています。「目覚めよ」という意味ですが、不思議と声を出して唱えてみると、心が落ち着き、平和な氣分になっていきます。

「エ・アラ・エー」「エ・アラ・エー」「エ・アラ・エー」「エ・アラ・エー」

と4回を1クールと数えて、少なくとも3クール、声に出して唱えてみてください。

(2)適度な運動

定期的な身体活動は、ストレスを減少させ、メンタルウェルネスを向上させる効果があります。ヨガや散歩、ダンスなど、自分が楽しめる運動を取り入れることで、心の健康が保たれます。また、運動を通じてエンドルフィンが分泌され、氣分が高揚し、自己肯定感も高まります。日常の中に取り入れて、習慣化してみることをおすすめします。

(3)リラクゼーション

深呼吸やリラクゼーションテクニック(たとえば、プログレッシブ・リラクゼーション)は、ストレスを管理し、リラックスするための有効な手段です。

特に、深呼吸は自律神経を整え、心を落ち着かせる効果があります。寝る前にリラックスする時間を設けることで、質の高い睡眠が得られ、翌朝の心とからだの状態がスッキリしていることにも気づけます。

（4）ストレス解消法を習得する

仕事や日常生活でストレスを感じたとき、すぐにリラックスできる方法を習得して、実践してみる。たとえば、深呼吸や短時間の瞑想、自然の中を散歩することで、ストレスを軽減し、心のバランスを取り戻して、心地よい自分とつながれます。

（5）定期的なデジタルデトックスを行う

スマートフォンやパソコンから離れる時間を設け、自然と触れ合うことで、心の静けさを取り戻すことができます。デジタルデトックスは、特にデジタル疲労を感じている人にとって効果的で、電磁波を避けることで、本来の自然のリズムを持ち直して、生命エネルギーに満ちていく自分を感じることができるようになります。

メンタルウェルネスは、心の健康と幸福感を保つための在り方や考え方です。ストレス管理やセルフケアの実践を通じて、私たちは心のバランスを保ち、自己理解を深めることができるでしょう。

価値観を明確にする

私たちが何を大切にし、どのような人生を送りたいのかを明確にすることで、目標設定や行動計画がより効果的になります。価値観に基づいたライフプランニングを行うことで、充実感のある人生を築くことができます。

価値観は、私たちの人生において何が重要かを決定する基盤です。価値観は、私たちの選択や行動、対人関係、キャリア、そして全体的な幸福感に大きな影響を与えます。

価値観が明確であると、困難な状況に直面しても、自分にとって何が本当に重要かを基準にして判断を下すことができるため、迷いが少なくなります。

また、価値観に基づいた行動は、自己一致感をもたらし、人生の満足度を高めます。

自分自身の価値観を明確にする方法がいくつかあるので、ピンと来たことから始めてみてください。

（1）自己反省と内省を実践する

過去の経験や行動を振り返り、自分が何を大切にしてきたのかを考えます。

たとえば、「どの瞬間が最も充実していたか？　そのとき、私が大切にしていたものは何か？」という質問に答えることで、心の状態をかえりみることができるとともに、自分の価値観が浮き彫りになります。

（2）価値観カードに触れてみる

価値観を明確にするためのツールとして、価値観カード（98頁参照）を使用します。

これは、さまざまな価値観が書かれたカードを見ながら、自分にとって重要な価値観を選び出すプロセスです。

たとえば、「自己成長」「家族」「誠実さ」「調和」「勇気」などの中から、自分が最も共感するものを選びます。その後、それらを優先順位に並べることで、自分の価値観の優先順位を把握できます。

(3)ディスカッションと対話を活用する

信頼できる友人や家族と、自分の価値観について話し合うことで、新たな気づきが得られることがあります。

対話を通じて、他者の視点から自分を見直すことができ、価値観がより明確になることがあります。また、他者の価値観を知ることで、自分の価値観がさらに強化されることもあります。

【価値観を明確にしたライフプランニングの実践】

自分の価値観に沿った目標を設定することで、達成感や充実感が高まります。たとえば、「自己成長」が重要な価値観である場合、その価値観に基づいて新しいスキルを習得する目標を設定することが考えられます。

具体的な目標として、「毎月1冊の自己啓発書を読む」「新しいスキルをオンラインコー

ス で学ぶ」といったものが挙げられます。

目標を達成するために、具体的な行動計画を立てます。

たとえば、「新しいキャリアパスを開拓する」という目標をもつ人は、最初のステップとして「キャリアカウンセリングを受ける」「ネットワークを広げるためのイベントに参加する」といった行動計画を立てることができます。

また、行動計画には時間枠を設け、定期的に進捗を確認することで、目標達成に向けたモチベーションを維持します。

＊価値観を見直す時間を設ける

一定期間ごとに自分の価値観を見直し、ライフプランニングの方向性がその時点で適切かどうかを確認します。

価値観は人生のステージによって変化することがあります。そのため、定期的に自分の人生の振り返りをして、新たな価値観が出現した場合は、それに基づいて目標や行動計画を調整します。

ある女性の例です。

キャリアを積んでいく途中で、自分の価値観に疑問をもち始めました。彼女は仕事の成功を第一の目標としていましたが、それだけでなく、家族との時間も重要であると感じるようになったのです。

そこで価値観を明確にするために、セルフ・インクワイアリーを行い、「家族」「バランス」「充実感」「子どもとの時間」「パートナーシップを深める」という価値観が自分にとって重要であることに気づきました。

この発見に基づいて、キャリアプランを見直し、より柔軟な働き方を選ぶために、ヒーリングスクールに通って、認定ヒーラーとなりました。自分の使いたい時間にヒーリングを行うことで、家族との時間を大切にしながらも、仕事での達成感を得ることができるようになったのです。

彼女のように、自分の価値観を明確化することで、人生の方向性を見つけ、自己一致感を高めることができます。

【ご縁の奇跡を起こす「価値観カード」53】

◎あなたにとって、生きるうえで大切なものとは何ですか？
　優先することとは、何でしょうか？

「価値観」とは、「物事を評価し、行動を決定するときの基準になる、何にどのような価値を認めるかという個人個人の判断」のことです。

「価値観カード」は、その主なものとして53の価値観を、5つのグループに分けています。自分にしっくりくる価値観をチェックしてみましょう。一つだけという人もいれば、10個以上あるという人もいるでしょう。その数は問題ではありません。自分の価値観というものを意識することが大切です。

I「心の旅路」

1□ 自己成長（Self-growth）
2□ 学び（Learning）
3□ 知恵（Wisdom）
4□ 知的好奇心（Intellectual curiosity）
5□ 挑戦（Challenge）
6□ 自己表現（Self-expression）

7□自立（Independence）
8□創造性（Creativity）
9□冒険心（Adventurousness）
10□革新（Innovation）
11□忍耐（Patience）

II「絆の光」

12□家族（Family）
13□友情（Friendship）
14□共感（Empathy）
15□信頼（Trust）
16□敬意（Respect）
17□寛容さ（Tolerance）
18□忠誠心（Loyalty）

19□寛大さ（Generosity）
20□伝統（Tradition）
21□対話（Dialogue）
22□連帯（Solidarity）

III「心の羅針盤」

23□誠実さ（Integrity）
24□正義（Justice）
25□公平さ（Fairness）
26□労働倫理（Work ethic）
27□責任（Responsibility）
28□名誉（Honor）
29□信念（Conviction）
30□慈悲（Compassion）

31□ 無私（Selflessness）

32□ 礼儀（Courtesy）

Ⅳ「安らぎの泉」

33□ 健康（Health）

34□ 平和（Peace）

35□ 調和（Harmony）

36□ 感謝（Gratitude）

37□ 楽観主義（Optimism）

38□ 愛（Love）

39□ 癒《い》やし（Healing）

40□ 慎み（Modesty）

41□ 公共心（Public spirit）

42□ 自制心（Self-control）

43□ 自然愛（Love of nature）

Ⅴ「夢の果て」

44□ 成功（Success）

45□ 繁栄（Prosperity）

46□ 持続可能性（Sustainability）

47□ 想像力（Imagination）

48□ 勤勉（Diligence）

49□ 自由（Freedom）

50□ 勇気（Courage）

51□ 美しさ（Beauty）

52□ 開放性（Openness）

53□ 慎重さ（Prudence）

共感力を磨く

共感は、他者を深く理解し、強固な信頼関係を築くための重要なスキルです。

共感力をアップして、実践することで、他者との関係がより深まって、豊かになり、相手の感情やニーズに敏感になることができます。

共感は、単なる感情移入ではなく、相手の視点に立って考え、感じる力を養うプロセスです。


共感力とは、他者の感情や視点を理解し、それに対して感情的に反応する能力です。

共感は、相手との深いつながりを築く基盤となり、人間関係の質を大きく向上させます。

共感的な関係では、相手は理解され、受け入れられていると感じるため、信頼が生まれ、コミュニケーションが円滑《えんかつ》になります。

また、共感は、対立を解消し、協力的な関係を築くための鍵となります。共感力をアップするために、次の3つのことを意識していきましょう。

（1）アクティブリスニングをマスターする

相手の話を真剣に聴き、理解しようとする態度を示すことです。

アクティブリスニングには、相手の言葉に耳を傾けるだけでなく、非言語的なシグナル（表情、声のトーン、姿勢など）にも注意を払うことが含まれます。

また、相手が話し終えた後に、自分の理解を確認するために「あなたが言いたかったことはこういうことですか？」と確認するフィードバックも重要です。

（2）ミラーリングを行う

相手の感情や表現を鏡のように表すことで、きちんと理解していることを相手に伝える技術です。

相手が悲しそうにしている場合、

「いま悲しんでいるように見えますが、何かあったのですか？」

と相手の感情を言葉にして確認することができます。これにより、相手は自分の感情が理解されていると感じ、信頼が深まります。

（3）言葉で受けとめる

相手の感情を言葉で確認し、認める方法です。

たとえば相手が、

「最近、仕事がとても大変で……」

と言った場合、

「それはとてもストレスが溜《た》まるでしょうね」

と相手の感情を認めることで、相手は自分の感情が受け入れられたと感じます。これにより、共感的なつながりが強化され、相手との関係が深まります。

職場での共感は、たとえば、同僚がプロジェクトでのプレッシャーに悩んでいる場合、アクティブリスニングとミラーリングを使って、

「プレッシャーを感じていることがよくわかります。私に何かサポートできることがありますか」

と話しかけることで、共感的なサポートを提供します。

あなたが共感を示すことで、相手は支えられていると感じ、ストレスを軽減することができます。

家庭での共感は、たとえば、パートナーが疲れて帰宅したとき、

「今日は本当に疲れた顔をしているね。大変な一日だったの？」

と相手の気持ちを確認し、共感を示します。これにより、パートナーは自分の感情が理解されていると感じられ、家庭内の信頼関係が強化されます。

友人との共感であれば、次のような対応ができますね。友人が人生の転機に差し掛かっていると感じたとき、

「この変化はあなたにとって大きな決断だと思う。どんな気持ちでいるの？」

と問いかけ、友人の感情を尊重しながら共感を示すことができます。友人は理解されていると感じ、より深い友情が築かれます。

非言語コミュニケーションを読む

私たちのコミュニケーションの大部分は非言語的であり、ボディランゲージ、表情、ジェスチャーなどが他者とのやりとりにおいて重要な役割を果たします。

他者の非言語的なシグナルを理解することで、コミュニケーションがより深くなり、誤解を避けることができます。

非言語コミュニケーションとは、言葉以外の手段で情報や感情を伝達する方法です。これには、からだの動き、顔の表情、声のトーン、ジェスチャー、姿勢、視線、そして接触が含まれます。感情や意図を補完したり、時には言葉を超えて強調したりする役割を果たします。

たとえば怒りを感じている人は、言葉では穏《おだ》やかに話していても、腕を組み、眉間《みけん》にしわを寄せるなどの非言語的なシグナルで感情を表現することがあります。

具体的な非言語コミュニケーションの要素は4つありますので、この4つを意識して観察してみましょう。

(1)ボディランゲージを観察する

からだの動きや姿勢は、他者に対して私たちの気持ちや意図を伝える重要な手段です。たとえば、前傾姿勢で話を聞くと、相手に対して関心を示していることになります。逆に、腕を組むなどの閉じた姿勢は、防御《ぼうぎょ》的で関わりたくないというメッセージを送ることがあります。また、アイコンタクトの取り方も非常に重要で、相手に注意を払っているかどうかを示す手段となります。

(2)表情をうかがう

顔の表情は、感情を直接的に表現する強力な非言語的要素です。微笑みは喜びや親しみを表し、しかめっ面は不満や怒りを示します。また、眉の動きや目の動きも、感情を読みとる重要な手がかりとなります。たとえば、驚きを表すために目を大きく開いたり、疑念を表すために眉を上げるといったことがあります。

(3)ジェスチャーを見る

手や腕の動きは、言葉を補完する重要な役割を果たします。話のポイントを強調するために指を指す、歓迎の意を示すために手を広げるといったジェスチャーがあります。ただし、特に文化的な背景によって、ジェスチャーの意味が異なることがあるため、相手の文化に敏感であることが重要です。

(4)声のトーンを聴く

声のトーンやリズム、大きさは、言葉の意味を強調したり変えたりする力をもっています。たとえば、静かな声で話すことで親密さを示したり、強いトーンで話すことで決意や怒りを表すことができます。また、声の上がり下がりやペースも、感情や意図を伝える重要な要素になります。

【非言語コミュニケーションの理解と実践をトライする】

他者の非言語シグナルを読みとる――他者とのコミュニケーションにおいて、相手の非言語的なシグナルに注意を払い、それが何を意味しているかを理解することが重要です。たとえば、相手が腕を組んでいる場合、それが防御的な姿勢なのか、ただリラックスしているだけなのかを判断するために、他のシグナルと組み合わせて考えます。

＊自分の非言語シグナルを意識する

自分が発する非言語的なメッセージを意識し、それが意図する通りに伝わっているかどうかを確認することが大切です。交渉や面接の場面では、相手に信頼感を与えるために、開かれた姿勢をとり、アイコンタクトを保つことが求められます。

日常の人間関係の中で非言語コミュニケーションのスキルを向上させるためには、練習が必要です。鏡の前で自分の表情やジェスチャーを確認したり、友人や同僚からフィードバックをもらうことで、改善点を見つけることができます。また、動画を撮って自分の非言語的なコミュニケーションをチェックすることも効果的です。

自己受容のステップ

自己受容は、自己理解を深め、自分を愛するための重要なプロセスです。このプロセスを通じて、私たちは自己愛を育み、他者との関係にもよい影響を与えることができます。

自己受容とは、自分の長所も短所も含め、ありのままの自分を受け入れることです。

自己受容が進むと、他者に対しても同じように寛容になり、他者の欠点や自分との違いを理解し、他者を受け入れる力が強化されます。これは、人間関係の改善や、人生全般の幸福感向上にも寄与します。

自己受容の具体的なステップを学んで、自己愛を深めていきましょう。

（1）自己反省をする

自己受容の第一歩は、過去の経験や行動を振り返り、自分を理解することです。

たとえば、過去の失敗や挫折に対して、「なぜ私はこのように行動したのか？　そのとき、何を感じていたのか？」と自問し、その経験を批判せずに受け入れることが重要です。

（2）自己肯定をする

自分の強みや成長を認め、自己肯定感を高めることが重要です。

たとえば、「私はこれまでに何を達成したのか？　私のどんな特性がそれを可能にしたのか？」と考え、自分を誇《ほこ》りに思う点をリストアップします。また、毎日の終わりに、その日のよかった点や感謝していることを書き出す「グラティチュードジャーナル」をつけることで、自己肯定感を高める習慣をもつことができます。

(3)自己を癒やす

過去のトラウマや痛みを癒やすためには、自己癒やしのプロセスが必要です。

たとえば、心の傷を癒やすためのセラピーやヒーリング、または瞑想やリラクゼーションを通じて、過去の痛みを解放し、心の平穏を取り戻すことができます。自己の癒やしの一環として、自分に優しく接し、自己批判を手放す練習をします。自分が感じている痛みや不安を否定せず、その感情を十分に感じることが、癒やしの第一歩です。

私の会社の社員の話です。彼女はいつも自己批判的で、長いあいだ、自分の外見や能力に自信がもてなかったそうです。

ミーティングなどでも、自分のできないことばかりを口にしていました。

新しいプロジェクトを始めるときにも、ネガティブな発言が多く、その結果も、言葉通りになって、思うように仕事がこなせなかったと言います。

そんな自分を変えたいと思って、自分の過去を振り返って気づいたことがありました。

どうして、自分はこんなにも自信をもてないのか、と考えたときに、幼い頃、

「おまえは何をしてもうまくできないんだから、何をやっても無駄《むだ》」

と母親から言われていたことを思い出したそうです。

そして、その「否定された言葉」に、自分もそのまま同意して、それを自分の信念にしてしまっていたことに気づいたのです。

彼女は自己受容のプロセスを通じて、まずは自分の過去を振り返り、自己否定的な思考がどこから来ているのかを探りました。

次に、毎日「今日、自分が誇りに思うこと」をジャーナルに書き出すことで、自己肯定感を育み始めました。ジャーナリングによって、「私はジュエリー企画で成功した」と自分を認めることができました。

さらに、自己癒やしの一環として、定期的な瞑想を取り入れることで、過去のトラウマを癒やし、最終的には自分をありのままに受け入れることができるようになりました。

このプロセスを経て、彼女は自己愛を育み、他者との関係も改善され、人生全般にわたる幸福感がアップしました。

第5章

[Seize]

ご縁のチャンスをつかむ

タイミングを見極める

運命が激変する機会

人生には、ときおり奇跡的な出会いや思いがけないチャンスが訪れます。しかし、それらを手に入れるためには、意識的にそのチャンスをつかみ取る行動が必要です。

ご縁は毎日のように天から与えられています。それに気づく人は、チャンスをつかんで、新しいご縁で運命が激変することが起こります。

私自身がバッキンガム宮殿にチャリティイベントで行ったときのことです。

まさか?!　バッキンガム宮殿には、イギリスに行ったときに外から眺めて観光したくらいで、宮殿に招かれるなど思ったこともなかったのですが、海外で積極的に王室のチャリティをしている人との出会いで思いがけず叶ったのです。

人との出会いはその人が何者であるか?　と知るすべもないのですが、チャンスはあらゆるところに思いがけない形でやってきます。

この章では、あなたが出会いとチャンスを見逃さず、それを最大限に活かすための具体的な方法を紹介します。

チャンスを逃さない行動力

どんなに素晴らしいチャンスが訪れても、それをつかむには行動力が必要です。

行動力とは、結果を恐れずに動きだす勇気のことです。

成功者は、すべてのチャンスを完璧に準備してから動くわけではありません。むしろ、不完全であっても行動しながら学び、改善し続けることで成功を手に入れています。

ある人は新しいビジネスアイデアを思いついたとき、詳細な計画を練る前に、まず小さなテストマーケティングを実施しました。

その時点で、負担にならない程度のことを、いくつか試してみたのです。たとえ失敗しても、いまなら大したダメージにはならない。でも、うまくいけば、新しいビジネスの始まりになっていくというものでした。

結果は予想外によく、その後の本格的な展開へとつながりました。勇気をもって初めの一歩を踏み出したことが、さらにチャンスを呼び寄せたわけです。

何かに惹《ひ》かれたなら、まずは小さくてもいいので行動してみましょう。

(1)「5秒ルール」を実践する

新しいアイデアや行動のきっかけを感じたとき、5秒以内に最初のステップを踏み出しましょう。たとえば、誰かに連絡をとるなら、すぐにメッセージを書き始める、ネットワーキングイベントに参加するなら即座に申し込みをする、といった具合です。

(2)小さな目標を設定して実行する

大きな目標は、時にプレッシャーになります。そこで、大きな目標に到達するための小さなステップを設定し、それを一つ一つクリアしていきましょう。たとえば、新しいスキルを学ぶなら、一日10分だけでもそのスキルに時間を使うことを習慣化します。

(3)「行動のチェックリスト」をつくる

毎日、行動に移すべきことをリストアップし、それを実行したかどうかをチェックします。リストに書かれた行動が終わるたびに、達成感を感じられるので、行動力を維持しやすくなります。

行動することでチャンスの扉が次々に開いていきます。

一つの行動によって開かれた扉が、さらに次のチャンスへとつないでくれます。

成功者の秘訣《ひけつ》

成功者たちは、「タイミング」の重要性をよく理解しています。

彼らは、自分のビジョンや目標に沿ったチャンスを見極《みきわ》め、それに応じた行動をとるための準備を怠《おこた》りません。

タイミングの秘訣とは、

「準備が整ったときに、それを実行する勇気をもつこと」


と言えるでしょう。

そこにあるのは、実行する勇気と情熱なのです。

自分自身の勇気と情熱につながって、「タイミングが来た！」と感じたら、行動を起こしていきましょう。

たとえば、ある有名な起業家は、何年も新しいビジネスチャンスを探していました。しかし、急ぐことなく、適切なタイミングが訪れるまで準備を続け、そしてそのときが来たと感じたときに即座に行動を起こしました。

その結果、彼は市場で大成功を収めることができました。

成功者が実践しているタイミングの見極め方や、そのために必要な習慣を学ぶことが、あなた自身のチャンスをつかむために大きな助けとなるでしょう。

大切なのは、次の3つです。

(1)自分の「最高の時間帯」を見つける

成功者は自分の生産性が最も高い時間帯を知っています。あなたも、朝が得意なのか、夜が得意なのかを分析し、重要な決断や計画をその時間帯に行うようにしましょう。たとえば、午前中が集中しやすいなら、最も大事な仕事や決断を午前中に予定します。

（2）計画と柔軟性のバランスをとる

事前に計画を立てておくことは大切ですが、予期せぬチャンスが現れたときには、その計画を柔軟に変更することも重要です。週に一度、自分の予定を見直し、新たに生じたチャンスやタイミングに対応できるよう、スケジュールを調整します。

（3）「待つ勇気」をもつ

タイミングがまだ整っていないと感じた場合、急がずにじっと待つことも重要です。無理に前に進むよりも、一度立ち止まり、再度状況を見極めることで、よりよい結果を得られることがあります。

あなたの〝タイミング〟が、いまにも起きることを願っています。

ネットワーキングでつながる

チャンスは人を通じてやってくる、といいます。

そうであるなら、効果的なネットワーキングはチャンスをつかむために不可欠です。

ネットワーキングは、単なる人脈をつくるためのものではなく、信頼を築くプロセスだと考えましょう。


信頼関係は、一朝一夕《いっちょういっせき》で築かれるものではありません。

誠実さと時間をかけた関係性があって、初めて、それは築かれるのです。


あなたが本氣で誰かとご縁を深めたいと思ったら、心から感じた素直な気持ちで相手と接するために、一歩、行動に移してください。

大切なのは結果にこだわらず、心を通わせるための行動を起こすことです。


私の知人で、何年も前に名刺交換をした相手に、長年のフォローアップを続けていた人がいました。相手にとって必要なことを聴きだし、自分ができることをオファーしながら、信頼関係を築いていったのです。

やがて、お互いの仕事を助け合い、ついには共通のビジョンを掲《かか》げて、大きなプロジェクトをともに成《な》し遂《と》げました。

ネットワーキングを通じて築かれた関係性は、あなたにとっての大きなチャンスにつながることがあります。

常に誠実なコミュニケーションを心がけ、相手に価値を提供し続けることで、長期的な信頼関係を築いていきましょう。

（1）「フォローアップ・リマインダー」を設定する

名刺交換や初対面の後、1週間以内にフォローアップのメールやメッセージを送りましょう。カレンダーやリマインダーアプリを活用して、フォローアップのタイミングを逃さないようにします。

(2)ネットワーキングイベントへの定期参加

地域のビジネスイベントやオンラインセミナーに、月に一度参加することを目標にしましょう。そこでの出会いが後に大きなビジネスチャンスをもたらすかもしれません。

ネットワーキングには、「貢献の心」で接することです。

「何をもらえるか」ではなく「何を提供できるか」という視点で考えましょう。

相手のニーズを察し、何か役立つ情報やリソースを提供できる場合は、惜しみなくシェアします。これが信頼関係の構築につながります。

偶然の出会いを活かす

偶然の出会いは、人生における大きな転機になることがあります。

その出会いを大切にするためには、普段から心を開いていることが重要です。

偶然の出会いがあったときには、それを単なる「偶然」と片づけず、そこに何か意味があるかもしれないと考え、行動に移すことです。

旅行中にたまたま出会った人が、後に自分のキャリアを大きく変えるパートナーとなるようなことが、実際にあります。

そのときの出会いを「ただの偶然」とせず、関係を深める努力をしていけば、その結果、大きなチャンスにつながるということがあるわけです。

偶然の出会いを大切にすることで、人生の新たな道が開けることがあります。

(1)「一期一会《いちごいちえ》」の心で接する

出会うすべての人に対して、次がないかもしれないという覚悟で丁寧に接しましょう。その瞬間を最大限に活かすには、相手の話に集中することで、深い交流が生まれます。

(2)連絡先の交換を積極的にする

偶然の出会いがあったときは連絡先を交換し、必ず後で連絡をとるようにしましょう。その場限りの出会いにしないために、SNSなどのつながりを積極的に活用します。

(3)「偶然の出会いリスト」を作成する

偶然の出会いを記録するリストをつくり、定期的に見直してみましょう。忘れがちな出会いでも、リストを見返すことで再び連絡をとるきっかけになります。また、特別なシンクロニシティを感じた場合、その意味を深掘りすることも重要です。

チャンスを活かす準備

成功は、準備と機会が交わる瞬間に生まれます。

自分のスキルを磨き続け、目標を明確にすることで、チャンスが訪れたときにすぐに行動に移せるようになります。

ある起業家は、何年もかけて市場調査やスキルアップに努《つと》め、ついに絶好のビジネスチャンスが訪れたときに、それを見逃さず成功を収めました。

彼は「準備していなければ、そのチャンスを見逃していたかもしれない」と後に語っています。チャンスは常に突然訪れますが、準備している人だけがそれをつかむことができるのです。あなたも、日頃からの努力と準備を怠らないようにしましょう。

(1)スキルアップのための時間を確保する

毎日30分、自己成長のための時間を確保しましょう。

新しい技術を学んだり、ビジネス関連の本を読んだり、オンラインコースに参加したりすることで、チャンスが訪れたときにすぐに活かせる状態にしておきます。

(2)ビジョンボードを作成する

自分の目標や夢を視覚化したビジョンボードをつくり、毎日目にする場所に置いてください。これによって、日々の行動が目標につながっていることを意識し、チャンスが現れた際にすぐに動ける準備が整います。

(3)「毎月の振り返り」を習慣づける

月の終わりに、自分の行動や達成したことを振り返り、次の月に向けての目標を再確認します。これにより、進捗状況を把握し、必要な準備や修正ができるようになります。たとえば、今月の目標が達成できたかをチェックし、達成できなかった場合は、何が不足していたのかを分析し、次の月に向けて改善策を立てます。

あなたがご縁のチャンスをつかみ、それを人生の中で最大限に活かすための具体的な方法をお伝えしました。

これらのステップを実践することで、あなたも大切な出会いやチャンスを見逃さず、豊かで充実したご縁にめぐり合う人生を歩むことができるでしょう。

第6章

[Connect]

愛と感謝のご縁でつながる

揺るぎない関係が築かれていく

豊かさを引き寄せるエネルギー

どれほど物質的な成功を収めても、豊かな人間関係がなければ、心からの充実感や幸福を感じることは難しいでしょう。そして、その人間関係を豊かにし、深めるために欠かせないのが「愛」と「感謝」の力です。

この二つのエネルギーは、命を輝かせるうえで最も重要で、魂に滋養を与えてくれます。

私たちが人生を送り、命を輝かせるために必要なエネルギーなのです。

二つのエネルギーが満たされている世界があるとイメージしてみてください。

その中で過ごしているとどんなことが起きていると感じますか?

日々の中に彩りのよい景色が浮かんできたり、大切な人とニコニコしながら、楽しい会話が弾《はず》んでいたり、未来に希望が湧いてきたりしませんか?

この章では、愛と感謝を通じてどのようにしてご縁を深め、揺るぎないつながりを築いていくか、その具体的な方法を探求していきます。

愛と感謝の心理学的効果

まず、愛と感謝の力がどれほど私たちの心とからだに影響を与えるかについて考えてみましょう。

心理学や神経科学の分野でも、愛と感謝が私たちの脳に与えるポジティブな影響について多くの研究が行われています。

たとえば、日々感謝の気持ちをもち続けることで、脳内における「幸せホルモン」と呼ばれるセロトニンやドーパミンの分泌が促進され、長期的に幸福感が高まることが確認されています。

ある研究では、毎日感謝の気持ちを記録することで、うつ病や不安感が軽減されるだけでなく、心身の健康が改善されることが示されています。

こうした科学的根拠を踏まえながら、私たちの生活に愛と感謝を取り入れていくことの重要性を理解することが大切です。


感謝の気持ちをもつのは素晴らしいことですが、それを表現し、行動に移すことで初めて、その感謝は相手に伝わります。


感謝を伝えるためには、愛のチカラが必須です。愛のチカラを自分自身が体感することで、自分の中に感謝の心があることに気づくことができるのです。

誰もが愛のチカラを体験したことがあります。

ある女性が念願の結婚相手を見つけて、めでたく結婚をして、3年後に子どもに恵まれました。

子どもが生まれる前の夫は、仕事にもあまり気力を感じられず、転職を繰り返していました。ですが、子どもができたことで、父親としての子どもへの愛のチカラが働いて、仕事に力を注ぐ意欲が湧いてきたのです。

子どもをもつことの喜びと不安はあったようですが、何よりも生まれてきた子どものために、親としての愛のチカラが働いて、子どもにたくさんの可能性を与えたいという純粋な気持ちに戻って、定職につきました。

それどころか、実は職場でも愛のチカラを発揮して、まわりが喜ぶことをしていたら、称賛されて、より仕事に意欲を感じ、職場の上司や同僚に感謝が湧いてきたという体験をしていました。

愛のチカラを発揮していると、全方位から感謝がめぐってくるのです。

感謝の習慣を身につける

感謝する習慣を日々の生活に取り入れるための簡単な方法として、「感謝のリスト」をつくることを提案します。

毎日、感謝できることを3つ書き出すことを習慣にしましょう。

感謝の対象は、日常の些細《ささい》な出来事で構いません。

たとえば、

「友人が励ましてくれた」

「天気がよかった」

「美味しいコーヒーを飲めた」

など、日々の小さな幸せを見つけることが大切です。

このリスト作成を続けることで、ポジティブな感情が増え、心のバランスを保つのに役立ちます。

「感謝リスト」は、一つの徳を積む行為として、どんどん徳が溜まっていくことを楽しんでいると継続できるようになります。特にストレスの多い日でも、感謝のリストを振り返ることで、気持ちをリセットし、心の安定を取り戻すことができます。

もう一つの実践的な方法として、「ポジティブジャーナリング」を始めることも効果的です。これは、一日の終わりに、その日の中で特に感謝したことやポジティブな出来事を書き留める習慣です。

夜寝る前に5分間だけでもこの時間を設けることで、感謝の気持ちが強化され、ネガティブな感情を自然と減らすことができます。

これにより、翌朝目覚めたときの氣分もよりポジティブになります。

さらに、この習慣を続けることで、日々の生活の中で自然と感謝できる瞬間を探すようになります。

効果的なコミュニケーション

感謝の気持ちをもつことが重要である一方で、それを口に出して伝えることも非常に大切です。

「ありがとう」

この言葉を意識的に口に出すことを習慣にすることで、相手に対する思いやりが伝わり、関係が深まります。

たとえば、友人がちょっとした助けをしてくれたときや、パートナーが何気ない家事をしてくれたときに、すぐに「ありがとう」と伝えることが重要です。

小さな感謝の言葉が、相手に大きな影響を与えることが多いのです。

この習慣は、あなた自身の内側からポジティブなエネルギーを生み出し、周囲に広がっていきます。

さらに、感謝を表現する方法として「感謝の手紙」を書くことをおすすめします。日常生活で感謝している相手に手紙を書いてみましょう。

特別な用事がなくても、日頃の感謝を伝える手紙を送ることで、相手に大きな喜びを与えることができます。

たとえば、親やパートナー、友人に「いつも支えてくれてありがとう」といった言葉を添えた手紙を送るのです。そうすることで、相手はその気持ちを大切に感じ、あなたとの関係がさらに深まるでしょう。

また、手紙を書くという行為そのものが、書き手自身にとっても感謝の気持ちを再確認でき、それを言葉にすることで内面的な充実感を得る機会となります。

言葉による感謝の表現が効果的である一方で、プレゼントを通じて感謝を形にすることも大変有効です。

特別な日でなくても、相手に感謝の気持ちを込めたプレゼントを贈る習慣をもちましょう。それこそ、特別なものでなくてもいいのです。

友人があなたのために時間を割いてくれたことに感謝して、その人が好きな本を贈るとか、パートナーに感謝の気持ちを込めて、彼が好きなお菓子を用意するとか、小さな贈り物が、相手に大きな喜びをもたらすことがあります。

反対の立場になってみたらわかるでしょう?

もしも友人やパートナーから、思いがけず贈り物をもらったら、どうでしょう?

贈り物の大きさなんて、喜びには、何の関係もありませんよね。

プレゼントは、感謝の気持ちを具体的に示す一つの手段ですが、相手との関係をより深めるきっかけにもなることを覚えておきましょう。

愛と感謝の循環

感謝のエネルギーは、まるで波紋のように広がり、私たちが誰かに感謝の気持ちを伝えると、その波動はさらに多くの感謝や愛を引き寄せます。

「ありがとう」という言葉は、その始まりの一歩。

周囲の人々に感謝を示すことで、ポジティブなエネルギーが循環し、私たちの日常に幸福感をもたらします。

まず、感謝を表現することから始めてみましょう。

たとえば、友人や家族、同僚など、あなたを支えてくれている人々に「ありがとう」と伝えること。小さな行動や何気ない助けに対しても、言葉にして感謝を伝えることが大切です。

これにより、感謝のエネルギーはその人に伝わるだけでなく、その人がまた、他の人に感謝を伝えたいと思うようになるでしょう。こうして、感謝の波紋が次々と広がっていきます。

また、感謝を表現する方法は言葉だけではありません。**誰かの喜びや成功を一緒に祝うことも感謝の一つの形です。**

相手が達成したことや幸せな出来事をともに喜び、心から祝福することで、感謝のエネルギーが自分にも返ってきます。このように、他人の幸せを自分ごとのように喜ぶことが、感謝を広げる大きな力となるのです。

また、「感謝のサプライズ」を計画するのも効果的です。パートナーや家族、友人に感謝の気持ちを込めたサプライズディナーを用意したり、何か特別な体験を贈ることができます。

サプライズは、相手にとって忘れられない感動を与え、感謝の気持ちをより深く伝える手段となります。そして、サプライズを計画する過程で、自分自身にも感謝の気持ちが強まり、感謝の循環がさらに広がっていくのです。

たとえば、誕生日や特別な日ではなくとも、日常の中で相手がしてくれたことに感謝を示すサプライズを用意することで、相手との絆は一層深まります。こうした行動が、感謝のエネルギーをさらに広げ、私たちの周囲にポジティブな空気を作り出すのです。

感謝は一方向のエネルギーではなく、循環する力です。
感謝を示し、与え、共有することで、そのエネルギーは増幅されていきます。

感謝の気持ちをもち続け、それを表現することが、私たちの日常に愛と幸福をもたらし、周囲の人たちとの関係をより豊かで意味深いものにしてくれるでしょう。

心のケアでつながりを深める

他者とのつながりを深めるためには、まず自分自身の心のケアが重要です。自己愛や自己ケアが欠如《けつじょ》していると、他者との関係に歪《ゆが》みが生じることがあります。

ある女性が自己ケアを意識的に行うようになった結果、家族や友人との関係が大きく改善したという具体的なエピソードがあります。

彼女は、日常生活の中で自分を後まわしにすることが多く、自分の心のケアが疎《おろそ》かになっていました。けれども、心身の疲れを感じ始めたことから、自己ケアに時間を使うことを決意し、毎日のルーティンに瞑想やリラクゼーションの時間を取り入れたのです。

その結果、心に余裕が生まれ、家族や友人との対話がスムーズになり、対立が減り、より深い信頼関係が築かれるようになりました。

自分を大切にし、自分の心を満たすことで、他者に対しても優しく、愛情をもって接することができるようになります。

心が満たされていると、他者の感情にも敏感になり、共感をもって向き合える余裕が生まれます。内面的な充足感が、他者との関係を健全で深いものに変えていきます。

感情の日記をつけることは、心のケアにおいて非常に有効です。

毎日、自分の感情を書き出し、それを客観的に見つめ直すことで、内面のケアができ、他者とのつながりにも余裕をもてるようになります。

感情を外に出すことで、心の中に溜まったネガティブな感情が解放され、スッキリとした気持ちで他者と接することができます。また、感情の日記をつけることで、自己理解が深まり、自己ケアの方法も見つけやすくなります。

さらに、心の中に溜まったネガティブな感情を解放するために、感情のクリアリングを実践することも効果的です。

たとえば、怒りや悲しみ、不安といった感情がある場合、それを紙に書いて物理的に手放すことで、心の重荷が軽くなり、感情がクリアになります。これにより、心の中にスペースが生まれ、他者とのつながりがスムーズになります。

感情を整理して手放すことで、新たなエネルギーや前向きな感情を引き寄せる準備が整います。

また、定期的に感情のクリアリングを行うことで、心のバランスを保ち、他者との関係においても柔軟であり続けることができます。

心がクリアであればあるほど、人は自分の本音や感情に素直になり、他者に対しても誠実に向き合えるようになります。

日常に感謝を育む

愛と感謝は、一瞬の感情ではなく、日常的に育むものです。

毎朝、愛と感謝に関するアファメーションを声に出して唱える習慣をもつことで、日々の行動が愛と感謝に基づいたものとなり、ポジティブなエネルギーがあなたのまわりに広がります。

アファメーションとは、ポジティブな自己宣言であり、あなたの意識を愛と感謝に向けるための効果的な方法です。

「今日も愛と感謝に満ちた一日を過ごします」

「すべての出会いに感謝します」

などの言葉を声に出して宣言しましょう。

この習慣は、心の中にポジティブなエネルギーを充満させ、それが周囲の人々にも伝わっていくという連鎖《れんさ》反応を引き起こします。

そのアファメーションが一日中あなたのもとに愛と感謝が戻ってくるので、実験して、その兆《きざ》しを見つけてみることです。

その兆しがわかると、続けることが楽しみになるので、気づいたら習慣になっているでしょう。

愛と感謝のアファメーションをしていたら、ある日、招待状が届きました。

その招待状はあるチャリティパーティのイベントだったのです。

前々から日本に上陸することになっていたチャリティイベントで、絶対に日本であるなら行きたいと思ったのです。このようなことが、愛と感謝のアファメーションを毎朝していると頻繁《ひんぱん》に起き始めます。

さらに、日常生活の中で「感謝ウォーク」を取り入れることもおすすめです。

散歩や通勤途中に、まわりの景色や自然に感謝の気持ちを抱きながら歩くことで、心がリフレッシュされ、周囲の美しさや日常の小さな喜びに目を向けることができます。

こうした小さな習慣を通じて、日常のストレスが軽減され、ポジティブな一日を過ごすことができるでしょう。

感謝ウォークは、日常の中で感謝の気持ちを深めるシンプルで効果的な方法であり、心の平安を取り戻す手助けとなります。

「感謝ウォーク」をしていると、目の前に現れる奇跡的な出来事も引き起こします。

美しいものを目の前の景色の中で見ていると、あなたの波動も自然に上がっていきます。

その波動をまとっていると、奇跡的な出会いが起きます。

ある日のことです。感謝ウォークをしながら、友人がやっているアパレルのポップアップストアに出かけたのです。それは予約制で、3日間で延べ800人の人がそれぞれの時間割で来場することになっていました。

そのときのことです。事前に申し込んでいたプランを楽しんでいたら、美しい背の高い女性から声をかけられました。

「恵子さん、覚えていますか？　5年前にアセンションチャネラー養成コースを卒業したYです！」

当時も今も、まるでモデルのような彼女とは、5年ぶりの再会でしたが、この日、意気投合して、二人でお茶会を主催することになりました。ご縁が発展しました！　嬉しい体験になりました。

家族や友人と感謝の気持ちを共有するには、「感謝リレー」を実践するのも効果的です。「感謝リレー」とは、たとえば、家族の一人が他の家族に感謝の気持ちを伝え、その人がまた別の家族に感謝を伝える、というものです。

これを毎週末などに行うことで、家庭全体に愛と感謝が広がり、家族の絆が一層強くなります。また、この習慣を続けることで、家族全員が日常的に感謝の気持ちをもちやすくなり、ポジティブな家庭環境が築かれていくでしょう。感謝リレーは、家族や友人とのコミュニケーションを深め、日常の中で感謝の心を育てる楽しい方法です。

第 7 章

[Expand]

ご縁の輪を広げる

幸運が生まれていくネットワーク

無視できないほどの影響力

愛あるネットワークの力は、人生のあらゆる側面において無視できないほどの影響を与えます。ビジネスの成功、個人的な成長、そして新たなチャンスの創出には、愛と信頼の人間関係のネットワークが不可欠です。

愛のネットワークが広がることで、多様な視点や新しい情報、サポート、チャンスが双方向で循環していきます。

結果的に関わるすべての人に幸運が次々と生まれていきます。

この章では、愛あるネットワーキングの重要性を深く理解し、具体的な方法を通じてその愛の輪を広げ、愛あるネットワークを築くためのステップを紹介します。

愛を基盤とした〝つながりの輪〟

愛あるネットワーキングの基本原則を理解することは、長期的な信頼関係を築き、豊かな人間関係を広げるために重要です。

ここでは、愛を基盤としたネットワーキングを成功させるためのポイントを紹介します。

(1)目的を明確にする

ネットワーキングの目的を明確にすることは、どのような人とつながるべきかを自然に導いてくれます。ビジネスの成長、新しい知識の習得、キャリア向上など、具体的なゴールを設定することで、効果的な人間関係が築かれます。愛あるネットワーキングは、ただの社交活動にとどまらず、具体的な成果や幸福感をもたらします。

（2）共通点を見つける

相手との共通点を見つけることは、ネットワーキングを円滑に進める鍵です。趣味や仕事、最近の出来事など、どんなテーマでも構いません。共通点が見つかると会話が自然に広がり、相手との距離が縮まります。たとえば、出身地や好きな映画など、簡単な話題から始めるとよいでしょう。

（3）相手の話を聞く

愛あるネットワーキングでは、相手の話に耳を傾ける姿勢が非常に重要です。自分の話ばかりせず、相手のニーズや考えを理解することにフォーカスしましょう。共感を示しながら話を聞くことで、相手は尊重されていると感じ、信頼関係が深まります。

（4）オープンなコミュニケーションを心がける

オープンなコミュニケーションとは、相手が考えを自由に表現できるようにすることです。質問を投げかける際には、相手が「イエス」や「ノー」で答えるだけでなく、考えを広げやすいような質問を心がけましょう。たとえば、「今後どんな目標がありますか?」など、相手に考えさせる質問は、会話を深めるきっかけになります。

(5)信頼関係を築く

信頼はネットワーキングにおいて最も大切な要素です。誠実さをもって相手に接し、相手のニーズや願望に対して真摯《しんし》に応《こた》えることが、長期的なつながりを築く鍵となります。無条件の愛を基盤に置き、相手のために貢献する姿勢をもつことで、信頼関係は深まります。

(6)感謝の気持ちをもち続ける

ご縁に対して常に感謝の気持ちをもつことも、愛あるネットワーキングの成功には欠かせません。名刺交換や会話を交わした後、感謝のメッセージを送るなどのフォローアップを怠らないことで、相手との関係はさらに強固なものとなります。感謝の気持ちは、相手に好意を感じさせ、ポジティブな関係を築く礎《いしずえ》となります。

（7）ネットワーキングを楽しむ

最後に、ネットワーキング自体を楽しむことが大切です。愛あるネットワーキングは、人間関係を築くだけでなく、人生そのものを豊かにするプロセスです。つながる喜びを感じながら、相手との交流を楽しみましょう。無理をせず、自然体でつながることが成功の秘訣です。

愛を基盤としたネットワーキングは、短期的な利益だけでなく、長期的な信頼と幸福をもたらします。これらのポイントを意識しながら、愛あるネットワーキングを実践することで、豊かなご縁がもたらされるでしょう。

オンラインとオフラインの活用

現代では、愛あるネットワーキングの場はオンラインとオフラインの両方に広がっています。それぞれの場でのネットワーキングには異なるアプローチが必要です。

オンラインは地理的な制約を超え、世界中の人とつながる素晴らしい機会を提供してくれます。

愛の周波数で人とつながることは、見えないご縁を運命的に広げてくれる「チカラ」をもっています。

ここでは、オンラインとオフラインの特性を活かし、愛あるご縁を広げるための方法をご紹介します。

（1）オンライン・ネットワーキングの活用

Instagram や Facebook といったソーシャルメディアを通じて、業界の専門家や共通の関心をもつ人々とつながりましょう。

ここで重要なのは、「このつながりが愛を育むものになるか？」「このご縁にワクワクするか？」という気持ちで取り組むことです。

まずは、自己紹介や経歴、専門分野を充実させたプロフィールを作成し、相手に興味をもってもらえるよう工夫しましょう。

その後、関心のあるグループやコミュニティに積極的に参加し、コメントや投稿を通じて存在感を示します。これにより、愛あるネットワークは自然と広がっていきます。

実際に私も、Instagram でお気に入りのインフルエンサーのライブ配信に参加した際、コメントがきっかけで、その方と実際に会うことができました。オンラインのつながりからオフラインでの出会いに発展し、お互いの夢を語り合い、応援し合う素晴らしいご縁が生まれたのです。

(2)オフライン・ネットワーキングの大切さ

直感で「この人とはご縁があるかも」と感じたら、積極的にオフラインのネットワーキングイベントに参加しましょう。業界のセミナーや交流会、ワークショップは、直接顔を合わせて深いつながりを築く場です。

自分が愛の周波数で新しい人とつながる中で、どんなご縁が開かれていくかを楽しみながら参加してみてください。

愛の波動でいると、不思議と自分から動かなくても、ご縁のある人たちが引き寄せられてくることが多くあります。

たとえば、異業種交流会に参加する際は、参加者リストを事前に確認しておき、話したい人をリサーチしておくのも有効です。もちろん、直感が導くままに行動しても素晴らしい出会いを生むことがあります。

(3)オンラインとオフラインの相互連携

オンラインで知り合った人とオフラインで会う機会を設けたり、オフラインで出会った人とオンラインでつながり続けることも、愛あるネットワークを広げる鍵です。

オンラインで知り合った人と同じ地域で開催されるイベントに参加することで、関係をより深めることができます。

オフラインで出会った相手とはソーシャルメディアでフォローし合い、その後も情報を共有し続けることで、持続的なつながりを築きましょう。

つながりを維持するために無理をする必要はありません。

「このご縁が未来にどう発展していくのかワクワクするか？」という感覚を大切にし、自然体で関係を続けていきましょう。


ネットワーキングは単なるテクニックではなく、愛の力が根底にあります。

その愛の周波数に沿って、オンラインでもオフラインでも愛あるネットワーキングを広げていきましょう。

イベントでネットワークを広げる

愛あるネットワークを広げるためには、自分が楽しく感じるイベントに参加することが非常に効果的です。

同じことに関心をもつ人々と出会い、愛を基盤としたネットワークを広げる貴重な機会となります。単にイベントに参加するだけではなく、意図をもち、積極的に活用することが成功の鍵です。

こうしたイベントに参加する際には、次のことを心がけておきましょう。

(1) 事前の準備をしっかり行う

イベントに参加する前に、以下のポイントを確認しておきましょう。

□ そのイベントがあなたにとってどう役立つか？
□ 参加することで、どんな変化が起こり得るか？
□ どんな参加者や登壇者と出会いたいか？

さらに、イベントの主催者やゲスト、登壇者の情報を事前に調べ、誰と話したいかをリストアップしておくことが大切です。

また、簡潔な自己紹介を準備しておくと、自己PRの際にスムーズに進められます。

たとえば、

「私は□□業界で働いており、現在△△に取り組んでいます。ぜひ○○さんと意見交換をしたいと思っています」

といったシンプルな紹介が効果的です。

（2）イベント中は積極的に話しかける

イベントでは、積極的なアプローチが重要です。まわりの目を気にせず、自分から話しかけることでご縁が広がります。愛を循環させる気持ちをもちながら、誰とでも心を開いてコミュニケーションを楽しみましょう。

誰かが一人でいるのを見かけたら、

「こんにちは、初めてお会いしますね。

どうやってこのイベントを知ったんですか?」

などと気軽に話しかけてみましょう。

会話が始まれば、自然とご縁がつながり始めます。

(3) 出会った人とのフォローアップを大切にする

イベントが終わった後は、出会った人々に必ずフォローアップをしましょう。

名刺交換をした相手やSNSでつながった相手には、感謝の気持ちを込めたメッセージを送り、相手の印象的だった言葉や出来事を振り返ることで、つながりを強化します。

「先日はお会いできて嬉しかったです。

〇〇さんの□□というお話が印象に残り、いまも心に響いています。

また次のイベントでもお会いできるのを楽しみにしています」

といった内容のメッセージを送ると、愛あるネットワークがさらに深まります。

SNSでつながった相手とは、近況報告を定期的に送り合い、距離を保ちながら関係を続けることで、持続的なネットワークを構築していきましょう。

(4)相手との距離感を大切にする

フォローアップの際は、相手のペースや距離感を尊重することも重要です。

相手の反応に合わせて、連絡の頻度や内容を調整しましょう。

焦らず、愛をもって距離感を保ちながら、長期的に信頼関係を育んでいくことが愛あるネットワーキングの成功の鍵となります。


このように、事前の準備からフォローアップまでを丁寧に行うことで、愛あるネットワークを広げるためのイベント参加を最大限に活用することができます。

信頼が絆を深める

愛あるネットワーキングを拡大するだけでなく、そのネットワークを愛のチカラで強くするためには、信頼関係の構築が不可欠です。

信頼関係は、一朝一夕には築けないものですが、これがあることで、愛あるネットワークはより強力で持続可能なものとなります。

成功者たちは、信頼を土台にした関係を築くことで、長期的な成功を収めています。

このセクションでは、愛あるパワフルで心地のよいネットワークを構築するための信頼関係を築く方法について探ります。

信頼関係を深めるためには、「誠実さと一貫性をもつ」ことが肝心《かんじん》です。

約束を守る、相手に嘘《うそ》をつかない、感謝の気持ちを忘れないといった基本的なことを徹底しましょう。

約束が守れないことが起きたときには、なるべく早く連絡をして、素直に謝ることや突然、約束が守れなくなったときも、同じように謝ることと相手への配慮を怠らずに、代替《だいたい》案を出して提案するようにします。

ビジネスの取引においては、納期を守る、約束したサービスを提供するなど、当たり前のことを純粋に行うことで、相手からの信頼が高まります。

また、言葉と行動を一致させることで、信頼感がさらに強まります。

ビジネス以外の約束においても、愛ある行動は、自分都合で動くのではなく、相手への思いやりや配慮を示す言葉を添えて、関わることで、ご縁が続いていくでしょう。

信頼関係を壊していく人には、特徴があります。

自分の都合だけで動き、約束したことを守らない言い訳をして、相手への配慮がない人です。

信頼関係が崩れていくと、実は、回復するには、相当の時間とエネルギーがかかります。愛で絆を深めることに価値があると思う人は、双方にとっての最善を提案したり、相手の立場に理解を示すことができるので、どんなときでも、最善を尽くすことを心から選択することができるでしょう。

また、相手が何らかの困りごとなどがあったときには、何よりも先に、共感を示し、サポートできることを伝えて、相手のチカラになります。

相手が困っているときや助けを求めているときに、積極的にサポートを提供することで、絆と信頼関係が深まります。

たとえば、同僚がプロジェクトで困難に直面しているときに、自分の知識やリソースを提供してサポートすることで、相手からの信頼を得ることができます。

また、共感を示すことも重要です。

相手の話を聞いて、「それは大変でしたね」と共感の言葉をかけるだけでも、相手との距離が縮まり、信頼関係が強化されます。

共感力は愛ある行動ですから、できる限り共感を示すイメージをしておきましょう。

ご縁を深める信頼関係を築くためには、透明性を保つことも大切です。

自分の意図や考えを率直に伝えることで、相手に対して誠実であることを示しましょう。

たとえば、プロジェクトにおける難しさやリスクを正直に共有することで、相手はあなたの誠実さに信頼を寄せます。

自分の才能においても、正直に何が得意で、何が不得意で、何を伸ばしていきたいかについてもオープンに伝えることが相手に安心感と信頼感を与えます。

失敗した場合にも隠さずに報告し、その後の対策を提案することで、さらに信頼を築くことができます。

成功につながるネットワーク

愛あるネットワーキングを活用することで、どのような成功が得られるのか、実際の成功例から学ぶことは非常に重要です。

実際に人々がどのようにネットワーキングを活かして成功を収めたのかを知ることで、自分の行動に対するインスピレーションを得ることができます。

このセクションでは、愛あるネットワーキングを通じて得られた成功例を紹介し、そのプロセスを詳しく解説します。

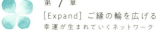

（1）キャリアアップにつながったネットワーキング

ある若手プロフェッショナルが、業界のネットワーキングイベントに定期的に参加し、同業者やリーダーたちとつながりを築きました。

彼は、そのネットワークを通じて新しいキャリアチャンスを得ることができ、結果的にキャリアアップを実現しました。

具体的には、イベントで出会った業界のリーダーが彼のスキルと熱意に感銘《かんめい》を受け、新しいポジションを紹介してくれたのです。彼はそのチャンスを活かし、数年後には業界で注目されるリーダーとなりました。

(2)ビジネスの成長を促進したネットワーキング

ある起業家は、ビジネス交流会で出会った投資家と信頼関係を築き、結果的に資金調達に成功しました。

この起業家は、最初の出会いの際に、投資家が関心をもつ分野について深くリサーチし、それに基づいた提案を行いました。

投資家は彼の準備と真摯な態度に感銘を受け、最終的に大規模な資金を提供することを決定しました。この成功例は、愛あるネットワーキングの力がいかにビジネスの成長に直結する可能性があるかを教えてくれています。

(3)国際的なネットワークがもたらした新しい市場進出

ある企業が、海外市場に進出するために、国際的なネットワークを活用しました。

この企業の代表者は、国際会議や展示会で積極的にネットワーキングを行い、現地のパートナーを見つけました。

現地のパートナーとの信頼関係を築くために、頻度の高いオンラインでの交流をはかり、現地の人々にとってもどんなメリットがあるかを考え、双方にとってのベストな企画を立ち上げました。

その結果、現地の市場に精通したパートナーも現地の人々の応援を得て、予想以上の協力体制をつくれることになり、それによって新しい市場への進出がスムーズに進み、売上が大幅に増加しました。この成功例は、グローバルな視点で愛あるネットワークを広げることの重要性を示しています。

つながりを育むマナー

愛あるネットワーキングを成功させるには、モラルとマナーを守ることも不可欠です。これは、愛に根ざした行動を通じて、相手との信頼を築き、長期的なつながりを育むために重要な要素です。

モラルやマナーが欠けると、信頼を失い、せっかく築いたネットワークも崩れてしまう可能性があります。

このセクションでは、愛あるネットワーキングを行う際に守るべきポイントを具体的に紹介します。

(1)相手の時間を尊重する

愛あるネットワーキングの基本は、相手の時間を大切にすることです。

ビジネスミーティングでもカジュアルなランチでも、時間を守ることは非常に重要です。遅刻しないように気を配り、相手が忙しいと感じた場合は、会話を切り上げて後日改めて連絡するなど、相手の都合に配慮しましょう。

時間の尊重は、相手への思いやりの表れであり、信頼関係を深める大切なポイントです。

(2)プライバシーを守る

ネットワーキングの中で得た情報や相手との関係性は、慎重に扱うことが求められます。

相手から得た個人的な話や情報は、許可なく第三者に共有しないようにしましょう。

特に、連絡先などの個人情報を扱う際には、相手のプライバシーを尊重することが重要です。こうした配慮が、相手からの信頼を築き、愛あるネットワーク全体を健全なものにします。

（3）誠実なフィードバックを提供する

愛あるネットワークでは、お互いに誠実なフィードバックを提供することが重要です。相手からフィードバックを求められた際は、率直で建設的な意見を伝えましょう。ただし、批判的ではなく、相手をサポートする視点でフィードバックを行います。「この部分はとてもよかったけれど、ここを少し改善するともっとよくなると思います」といった形で、ポジティブなアドバイスを心がけることが大切です。誠実なフィードバックは、相手の成長を助け、信頼関係を深める効果的な手段です。

（4）自分も相手も尊重する

愛あるネットワーキングの基本は、自分自身を大切にすることですが、それと同じように、相手を尊重する姿勢をもつことが重要です。

相手の考えや時間、プライバシーを大切にし、お互いに配慮し合うことが、信頼と愛あるネットワーキングの基盤となります。この姿勢をもつことで、長期的なつながりを築くことができ、真に愛あるネットワーキングが実現します。

第 8 章

[Communicate]

絆を深め、心を通わせる

魂と魂のコミュニケーション

最高のタイミングで出会う

コミュニケーション力は、私たちが他者と深くつながり、心を通わせるための鍵となるスキルです。特にスピリチュアルな視点から見ると、コミュニケーションは単なる言葉のやりとりを超えて、魂と魂が触れ合い、理解し合うための深い手段となります。

コミュニケーション力を磨くことによって、自分自身と相手との魂のつながりを感じながら対話を深めることができるようになります。

魂レベルの会話ができることで、日常のコミュニケーションがより楽しくなり、幸福度が上がって、人と人、そして、目に見えない世界の存在たちとの絆が深まっていきます。

魂と魂のつながりは、目に見えない存在とのご縁があるので、永遠に続いていきます。

魂レベルのつながりは、次元を超えて存在しています。この地球上でご縁のある人たちと、最高のタイミングで出会うきっかけをつくってくれるのです。

この章では、魂レベルで行う効果的なコミュニケーションを通じて、他者との絆を深める方法を探ります。

コミュニケーションの本質

私たちは、目に見えないエネルギーや雰囲気を感じとる力をもっています。しかし、そのエネルギーに意識を向けるか否かで、その感度や理解度は大きく異なります。

魂も目には見えない存在ですが、とても大切なエネルギーです。魂は私たちの内なる本質であり、肉体を超えた永遠の存在です。

魂は人生の目的や学びを導くエネルギーの源であり、愛や喜び、直感と深く結びついています。肉体が消えた後も魂は存続し、転生を繰り返しながら成長を続けます。そして魂は、宇宙とつながり、すべての生命と調和しています。

魂レベルでのコミュニケーションは、この魂の存在を認識することから始まります。

それによって、私たちは日常の人間関係や人生に深い意味を見出すことができるのです。魂レベルでのやりとりは、表面的な言葉やジェスチャーを超え、相手の本質やエネルギーに触れ、深いつながりを生み出します。

通常のコミュニケーションでは、言葉、表情、声のトーンが主要な手段となります。しかし、魂レベルでのコミュニケーションは、相手のエネルギーや意図、共鳴、そして直感に基づいて行われます。これにより、相手の本質を理解し、より深く共感し、信頼関係が強まるのです。

たとえば、友人との会話で相手が「元気だよ」と言っていても、エネルギー的に悲しみや疲労を感じることがあります。そのときに、表面的な言葉にとらわれず、魂レベルのコミュニケーションを通じて本当の感情を読みとり、相手を支えることができます。

ある再婚した友人がＳＮＳに上げた写真で、元気がないように見えたことがありました。

そこで「最近どうしてる？　久しぶりに会いたいね」とメッセージを送りました。彼女からの返事は「元気だよ」と表面上は普通のものだったのですが、魂レベルの感覚で彼女にもう少し深い問いかけをしてみました。

「最近、何か体調に変化があった？」とたずね、自分のエネルギーと彼女のエネルギーを感じながら、彼女の気持ちに寄り添いました。すると、彼女は心の内を打ち明けてくれ、実はパートナーとの将来に不安を抱えていたことを話してくれました。

魂レベルのコミュニケーションを行う際に大切なことは、無条件の愛と信頼をもって相手と向き合うことです。

相手を批判したりせず、すべてを肯定し、何があっても大丈夫だという安心感を共有することが重要です。これにより、深い信頼とつながりが築かれ、真の絆が生まれます。

私たちは、言葉だけでなく、魂のエネルギーで相手とつながることができるのです。これこそが、魂と魂が響き合うコミュニケーションの本質です。

表面的な対話と魂の共鳴

通常のコミュニケーションは、言葉や声のトーン、身振り手振りなどのシグナルに頼ることが多く、これらを使って情報を伝え合います。
しかし、この方法では、誤解が生じたり、相手の本当の感情や意図を見逃してしまうことがあります。言葉に隠された深い想《おも》いに気づけない場合があるからです。

一方、魂レベルでのコミュニケーションは、表面的な言葉や身振りに依存するのではなく、直感やエネルギーを通じて行われます。

このコミュニケーションは、相手の存在そのものに意識を向け、相手のエネルギーや感情を深く感じとることが求められます。その結果、言葉以上の共鳴が生まれ、互いの本質的なつながりが強化されます。

言葉少なでも、お互いのエネルギーが通じ合っていると感じる瞬間があるでしょう。それは、魂同士が共鳴している証拠です。

このレベルの共鳴が起こると、言葉では伝えきれない深い理解やつながりを得ることができます。

このようなコミュニケーションを実践するためには、自分自身の魂とつながり、その振動を感じることが重要です。

深い呼吸を通じて自分のエネルギーを感じとりながら、相手の魂も感じ、心の底から正直に、温かい気持ちで対話を行います。

このアプローチによって、短時間のやりとりであっても、深い絆が生まれ、安心感とともに相手とのつながりが育まれます。

通常のコミュニケーションでは、自己防衛やその日の感情によって、不安や不信感が対話の中に現れがちです。このようなやりとりでは、表面的なつながりしか生まれず、深い絆や信頼関係を築くには時間がかかることが多いです。

しかし、魂レベルのコミュニケーションをマスターすると、運命的なご縁がつながり、必要な人との出会いが予想外の形で訪れることが増えていきます。

たとえば、魂に問いかけて、

「私の才能を活かせる人と出会えますように」

「信頼できるパートナーにめぐり合えますように」

と願いを伝えることで、自然とその願いが叶う場面に導かれるのです。

魂レベルのコミュニケーションがもたらすのは、表面的な関係を超えた、深い心のつながりです。相手の本質を感じとり、相手の魂に触れることで、言葉を超えた信頼と愛が育まれます。これは一朝一夕で成し得るものではなく、意識的な実践と深い理解が求められます。しかし、一度そのコミュニケーションをマスターすれば、関係はより調和的で、豊かなものに変わっていきます。

自分の本質に基づいた選択

魂レベルでのコミュニケーションは、言葉を超えて深いつながりと共鳴を生み出し、個々の成長や人間関係の質を大幅に向上させます。

このようなコミュニケーションを通じて、ご縁の広がりや新しいチャンスが訪れることが増えていきます。

ところで、職場でのミーティングでは、業務の指示や意見交換が主な目的となりがちですが、魂レベルでのやりとりを意識することで、チーム全員のエネルギーや感情を尊重し、より深い協力関係を築くことができます。

あるプロジェクトリーダーが、会議の冒頭に、数分間の瞑想を取り入れたことがありました。これによって、メンバーの心が静まり、普段では語られない本音や斬新なアイデアが引き出され、最終的にプロジェクトは成功を収めました。

このアプローチは、業務の成果だけでなく、メンバー同士の信頼関係や絆を深める役割を果たしました。

魂レベルでのコミュニケーションは、他者とのつながりだけでなく、自己との対話を促進します。

内なる声や感情に意識を向けることで、自己理解が深まり、自分の本質に基づいた選択や行動がしやすくなります。これにより、他者との対話も自然とスムーズに進み、誤解や対立を避けることができるのです。

さらに、魂同士の共鳴を感じられるようになると、意見の違いや対立をただの障害として捉えるのではなく、創造性を引き出す機会として意識することができます。互いの違いを受け入れ、その違いが生む新しい視点や可能性を見出すことで、人間関係はより豊かで創造的なものへと進化します。

魂レベルのコミュニケーションをマスターすることで、日常生活の中でも新たなご縁や運命的な出会いが次々と訪れるでしょう。

これは、単なる偶然の出来事ではなく、私たちが互いに魂でつながっている証《あかし》です。このつながりは、私たちが無意識に放つエネルギーによって引き寄せられ、より豊かな人生を築くための道を開いてくれます。

無条件の愛と信頼を基盤にしたコミュニケーションは、私たち自身の存在を深く肯定し、相手の存在をも尊重するものです。

このようなコミュニケーションを実践することで、相手とのつながりは強化され、長期的な信頼関係が築かれます。

魂の共鳴を意識することで、人間関係は単なる表面的なやりとりから、心と心がつながる深い関係へと進化し、私たちの人生に無限の可能性がもたらされるのです。

調和のとれた関係

魂レベルでのコミュニケーションは、個人だけでなく、チームやグループ全体に深い影響を与えます。

個人レベルでは、自己理解や自己受容が深まり、内面の安定が促進されます。これは日常生活の質を向上させる大きな要素です。

魂と向き合うことで、自分の本当の欲求やニーズに気づき、それに基づいた行動を選択できるようになります。

その結果、ストレスが軽減され、内なる平和がもたらされるのです。

たとえば、毎日の生活に瞑想を取り入れ、心の中にある不安や恐れを受け入れることで、精神的なバランスが整います。これにより、心の安定感が高まり、外部からのストレスに影響されにくくなります。自分自身との対話が深まることで、生活全般において穏やかな心持ちで過ごせるようになるのです。

対人関係においても、魂レベルのコミュニケーションは非常に効果的です。誤解や対立が減り、より調和のとれた関係が築かれるからです。

たとえば、職場のリーダーが部下と魂のレベルでつながることを意識すると、部下の本当の意図や感情に敏感に気づくことができ、適切な指導やサポートを提供しやすくなります。その結果、部下はより高いモチベーションをもち、職場全体の士気が向上します。

ある企業では、リーダーが毎週のミーティングの前に5分間の瞑想を取り入れ、全員が心を整える時間を設けました。

この時間を設けたことによって、メンバー同士が自分自身と深くつながり、自然とコミュニケーションの質が高まったのです。

結果として、意見の衝突《しょうとつ》が減少し、プロジェクトの成功率が飛躍的に向上しました。たった5分の瞑想が、チーム全体のエネルギーを整え、協力的で調和のとれた環境を生み出したのです。

魂レベルでのコミュニケーションは、グループやコミュニティにおいても効果を発揮します。メンバーが深いレベルで理解し合い、共鳴することで、より高度な調和と協力が生まれます。

ポジティブなエネルギーに満たされたグループは、成功や幸福感をより大きく共有することができ、それによって全体のパフォーマンスが向上します。

ある地域コミュニティが定期的に瞑想と意識的な対話を取り入れることで、メンバー同士の絆が深まり、コミュニティ全体がより調和のとれた状態になった事例があります。これにより、地域の問題解決やイベントの成功率が向上し、全体的な満足度も高まりました。魂レベルのつながりが生む共鳴が、コミュニティの意識を進化させ、持続可能な幸福感をもたらすのです。

魂レベルでのコミュニケーションは、個人だけでなく、チームやコミュニティ全体の成長を加速させます。

深いつながりを築くことで、誤解や対立が減り、調和と協力の中でより豊かな人生が実現できるのです。

この方法を取り入れることで、私たちの生活や人間関係に驚異的な効果と成長をもたらすことができるでしょう。

障害を乗り越える

魂レベルでのコミュニケーションは、深いつながりと真の理解を生み出す力をもっていますが、それを実現するためにはいくつかの障害を克服する必要があります。

これらの障害を認識し、対処することで、より豊かなコミュニケーションを築くことができます。

（1）自己中心的な思考の克服

自分の意見や感情に固執すると、相手のエネルギーや意図を感じとることが難しくなります。たとえば、会議の場で自分のアイデアに固執し、他者の意見に耳を傾けなければ、対話が進まず真の共感は生まれません。

これを克服するためには、心を開いて相手の視点を受け入れる姿勢を養うことが大切です。反論を考える前に、まずは相手のエネルギーや感情をしっかり受けとる練習をしましょう。対立する場面では、あえて相手の話に耳を傾け、深い質問を投げかけてみましょう。それが相手の真の意図を理解する助けになります。

(2)恐れや不安を乗り超える

自己開示を恐れることは、魂レベルのコミュニケーションを妨げます。自分の本当の姿を見せることに対する恐れや不安があると、対話が浅いものになりがちです。たとえば、職場で失敗を隠そうとすると、他者との信頼関係が築けません。これを乗り越えるためには、まず自己肯定感を高め、自己受容の意識を養うことが重要です。自分の弱さを受け入れ、他者に対してもオープンであることが、深いつながりを築く鍵となります。

信頼できる友人に自分の恐れや不安を打ち明け、そのフィードバックを受ける練習をすることで、自己開示が進み、より深いコミュニケーションが生まれるでしょう。

（３）環境的な障害の解消

環境も魂レベルのコミュニケーションに大きく影響を与えます。騒がしい場所やストレスの多い環境では、エネルギーの共鳴を感じとることが難しくなります。混雑したカフェや騒がしい会議室では、相手の感情を深く感じとることは難しいかもしれません。

これを避けるためには、静かな場所やリラックスできる環境を選び、エネルギーをよりクリアに感じとれる場を提供することが大切です。

静かなカフェや自然の中での対話は、より深い理解と共鳴を生み出します。瞑想や深呼吸を取り入れることで、心を落ち着け、深いつながりを築く準備を整えることができます。

（４）具体例から学ぶチームビルディングの工夫

ある企業のチームビルディングセッションでは、メンバー全員が森の中で瞑想を行った後、意見交換を行いました。

このセッションでは、通常の会議室では得られないほどの深い理解や創造的なアイデアが生まれ、チーム全体の結束力が大幅に強化されました。

このように、環境を整え、心に静けさを取り入れることで、魂レベルのコミュニケーションが促進されるのです。

魂レベルのコミュニケーションを阻《はば》む障害は、心を開き、恐れや不安を手放し、適切な環境を選ぶことで克服できます。

これらを実践することで、より深い人間関係を築け、豊かな交流が生まれるのです。

魂レベルでのコミュニケーションは、特別な場面に限らず、日常のあらゆる瞬間に実践することができます。意識的に実践し続けることで、日常の中で魂レベルのつながりが深まり、より調和のとれた対話が可能になります。

まず、瞑想やマインドフルネスの習慣を取り入れることが、魂レベルのコミュニケーションを実践するための基本となります。

瞑想を通じて自分自身と深くつながることで、他者との対話においても、相手の意図や感情をより深く理解できるようになります。

あるビジネスパーソンは毎朝15分の瞑想を習慣にしていました。その結果、心を静め、職

直感を信じる

場でのコミュニケーションがスムーズになり、対話がより調和のとれたものになったといいます。

次に、意識的な対話の練習を取り入れることが効果的です。

会話を通じて、相手の言葉だけでなく、その背後にある感情や意図に耳を傾けることを心がけます。たとえば、家庭では「今日一番印象に残ったこと」を共有する時間を設け、家族間で共感を深めることを実践しています。このように、意識的に相手のエネルギーに注意を向けることで、家族の絆がより深まります。

また、直感と感覚を信じることも重要です。

理論を超えた直感は、魂レベルでのつながりを築くための強力なツールです。

ある経営者は新しいビジネスパートナーを選ぶ際、データだけでなく、自身の直感を信じて選択しました。結果的に、良好なパートナーシップが築かれ、ビジネスが成功した事例があります。

直感は魂の声であり、これを信じることで、よりよい選択ができるようになります。

さらに、感謝と尊重の気持ちを表現することも欠かせません。魂レベルでつながる相手との出会いに感謝し、その関係を大切にすることで、深い理解と愛が育まれます。

ある夫婦は、毎晩寝る前に「今日感謝したいこと」を伝え合う習慣を取り入れています。この習慣によって、日々の感謝の気持ちが高まり、絆が強化されると感じているのです。

魂レベルのコミュニケーションは、単なる言葉のやりとりにとどまらず、日常生活全般で実践することができる深い対話の手法です。

このコミュニケーションを取り入れることで、個々人の幸福感が高まり、人間関係もより豊かになっていきます。

この章では、効果的な魂レベルのコミュニケーションをスピリチュアルな視点から探求しました。学んだスキルや実践法を日常に取り入れることで、あなたの人生に深いつながりと絆をもたらすことを願っています。

第 9 章

［Action］

行動することで未来は変わる

スピリアルな計画を実践する

在り方を反映させた生き方

私たちの行動は、私たちの人生におけるすべての変化と成長の根幹《こんかん》をなすものです。

特に、自己一致した行動は、私たちが本来の自分自身と深くつながり、魂の計画に沿ったものになります。

スピリアル（スピリチュアル+リアル）な行動計画というのは、目に見えない世界と現実が調和して、一致して行動がとれている状態です。

それは、人生に対して、在り方を反映させた生き方を実現するための重要な要素です。

この章では、スピリチュアルとリアルを統合した行動計画を立て、それを実践することの重要性を探ります。

自己一致した行動がいかにして私たちの未来を変え、より豊かで充実した人生を創造するかについて、具体的な方法と事例を交えながら説明します。

自己一致した行動の力

私たちの人生において、行動は未来を形づくる重要な要素です。

特に、自己一致した行動が大切です。私たちが内なる自己と深くつながり、自分の本質に基づいて行動することで、未来に大きな変化をもたらします。

この行動は、ただ単に物理的な動きではなく、魂や心からの意図をもって行われるため、結果として私たちに充実感と豊かさをもたらします。

自己一致した行動とは、自分の内面と外の行動が調和している状態です。つまり、心の奥底で本当に望んでいることや、価値観にしたがって選択し、行動することを意味します。

この状態では、行動がスムーズに流れ、外部の抵抗を感じにくくなり、自然と目的に向かって進んでいけます。多くの人が成功や幸福感を感じるのは、この自己一致した行動ができているからこそです。

一方で、自己不一致の状態にあるとき、私たちは外部の期待や他人の価値観に左右され、自分の本当の願望や信念にしたがって行動できなくなります。

たとえば、社会的な成功を求めるために、自分が興味をもたない仕事を選んだ場合、一時的には安定を得ることができるかもしれませんが、内面では不満や不安がつのり、やがてストレスや健康問題を引き起こす可能性があります。これが自己不一致による生き方のリスクです。

心理学的にも、自己一致した行動は心の健康や幸福感に大きな影響を与えることが知られています。

自分の価値観や信念に基づいて行動することで、内的な平和と満足感を得られるだけでなく、自信も高まります。

ある研究では、自分の価値観と行動が一致している人は、ストレスを感じにくく、長期的な幸福感をもちやすいことが示されています。

これに対して、自己不一致の状態にあると、内的な葛藤が生じ、結果として心身の健康に悪影響を及ぼすことが明らかになっています。

自己一致した行動をとるためには、まず自分の内なる声に耳を傾けることが不可欠です。自分が何を本当に望んでいるのか、何が自分にとって大切なのか。

これを明確にするためには、日々の自己対話や内省が役立ちます。瞑想やジャーナリングなどのツールを使い、自分の本質に触れることで、より深いレベルでの自己理解が進みます。

そして、その自己理解をもとに、外部の期待や他人の価値観に惑わされることなく、自分自身に忠実な選択と行動をすることが可能になります。

また、自己一致した行動を選ぶ際には、自分に対する愛や信頼が欠かせません。

自分が正しい選択をしているという自信をもち、自分の直感を信じることで、行動に対する迷いがなくなり、よりスムーズに行動を進めることができます。

ある人は新しいキャリアに挑戦する際、自分の情熱や信念に基づいた決断をすることで、その行動が自信と確信をもって続けられるようになりました。その結果、外的なサポートやチャンスが自然と引き寄せられ、成功への道が開かれたのです。

自己一致した行動は、私たちの未来を豊かに変える力をもっています。

自分の内なる意図と外の行動が調和したとき、人生の目的や使命が明確になり、それに向かって自然に進むことができるようになります。

その行動が未来に与える影響は、想像を超えるものとなるでしょう。

純粋な意図をもつ行動計画

行動計画を立てるとき、最も重要なことは「純粋な意図」をもつことです。

純粋な意図とは、エゴや他人の期待に左右されず、心の底から湧き上がる真の願望や目標に基づいて行動を決めることを指します。

この純粋な意図をもとにした行動計画は、より効果的に私たちの人生を豊かにし、充実した未来を創造する原動力となります。


純粋な意図を明確にするためには、自分の内なる声に耳を傾けることです。

忙しい日常生活の中では、他人の意見や社会的な期待に流されてしまい、自分が本当に何を望んでいるのかを見失いがちです。

定期的に自分自身と対話し、何が自分にとって大切で、何に情熱を感じるのかを確認する習慣をつけましょう。

瞑想やジャーナリング、自然の中で過ごす時間など、自分の心を静かにして内省する時間をつくることで、自分が本当に望むことがクリアに見えてきます。

ある女性は長年勤めた仕事を辞めて、新しいキャリアに挑戦しようと考えていました。そのとき、周囲の期待や不安に流されることなく、自分が本当にやりたいことに向き合った結果、彼女は子どもの教育に情熱をもっていることに気づきました。

この純粋な意図をもとに、教育関連のビジネスを始め、成功を収めたという実例があります。

心から湧き上がる願望にしたがって行動計画を立てると、それが大きな力をもちます。

純粋な意図を行動計画に反映させる際には、その計画を具体的かつ現実的なステップに分解していきましょう。

大きな目標は、一度に達成するのが難しいため、具体的なアクションプランを作成していく必要があります。

目標が抽象的すぎると、どこから手をつけていいかわからなくなり、結果として行動が停滞してしまいます。

たとえば、「もっと健康的な生活を送る」という漠然とした目標を、「毎朝30分のウォーキングをする」「週に3回ジムに通う」といった具体的な行動に落とし込むことで、実行に移しやすくなります。

行動計画を立てる際には、心の中でワクワクする感情が湧き上がってくることを大切にしましょう。このワクワク感は、魂の周波数が高まっているサインであり、その計画が自分にとって本当に正しいものである証拠です。

新しいビジネスを始める際には、そのビジネスが成功したときの自分の姿を思い浮かべ、その未来をイメージしながらワクワク感を感じることで、自然と行動に移すためのエネルギーが湧いてきます。

また、行動計画の中には、柔軟性をもたせることも大切です。

計画はあくまで目標に向かうためのガイドラインであり、途中で状況が変わったり、新しいアイデアが生まれたりすることもあります。

そんなときには、自分の意図に沿って柔軟に計画を見直し、調整することです。

固定的な計画にこだわりすぎると、かえってストレスや挫折感を感じてしまうことがありますが、柔軟な姿勢で行動を進めることで、自然な流れに乗ることができます。

純粋な意図に基づいた行動計画を実行に移すためには、日々のモチベーションを保てるように工夫していきましょう。

進捗を確認し、達成感を感じられるタイミングを設けることや、定期的に自分の目標を見直してリフレッシュすることで、モチベーションを維持することができます。

自己信頼をもちながら、純粋な意図に基づいた行動計画を立て、それを実行することで、未来は大きく変わっていくのです。

実行力と継続力を高める

どれほど素晴らしい行動計画を立てても、それを実行に移さなければ成果は得られません。継続しなければ、目標に到達することは難しいです。

実行力と継続力を高めるためには、行動計画を現実的で具体的なステップに分け、着実に進めていくことが重要です。

ここでは、実行力と継続力を高めるための5つのステップをご紹介します。

(1)目標を具体的に分解する

まず、目標を具体的な行動に分解しましょう。

漠然とした大きな目標は、どこから手をつけてよいかわからず、行動に移しにくくなります。目標が大きいほど、計画を具体的で小さなステップに分けることが大切です。

たとえば、先述したように「もっと健康的な生活を送る」という目標は、「毎朝30分のウォーキング」「週に3回のジム通い」「毎日野菜をとる」といった測定可能な行動に分けることで、実行に移しやすくなります。

（2）感情と感覚を意識する

実行力を高めるためには、目標が達成されたときに得られる喜びや満足感をイメージし、それを感覚として体感することが効果的です。

自分がその行動を実際にしているとき、どのような感情になっているかを鮮明にイメージし、そのポジティブなエネルギーを日々の行動に反映させます。

たとえば、健康的な生活を送ることをイメージし、その中で感じる喜びや達成感を心の中で何度も体感することで、行動に移すモチベーションが自然と湧いてきます。

（3）自己信頼を高める

行動に移すためには、自分への信頼感が重要です。自分が行動を成功させる力をもっていると信じることが、実行力と継続力を高める基盤となります。そのために、日常的に「私は唯一無二の存在であり、この目標を達成できます」というような肯定的な言葉を唱え、自分の意識に確信を植えつけましょう。自己信頼が高まることで、自分が決めた行動に対して自信をもって取り組むことができ、継続する力も自然と生まれます。

(4)自己管理のスキルを磨く

実行力と継続力を支えるのは、自己管理のスキルです。スケジュール管理、優先順位の設定、定期的な進捗確認を行うことで、行動の進捗状況を把握し、計画を修正することができます。

また、自分の感情や精神状態も観察し、常に心身のバランスをとることが重要です。たとえば、週に一度、自分の進捗や感情の状態を振り返り、目標に向けて計画通り進んでいるか確認しながら、必要に応じて改善を加えることが実行力を支えます。

（5）小さな成功を祝う

行動を続けるためには、小さな成功を認識し、仲間と喜びを分かち合うことがモチベーション維持に役立ちます。

大きな目標だけを目指すのではなく、日々の小さなステップを達成するたびに自分を褒め、達成感を感じることで、次の行動に対する意欲が湧きます。

また、仲間や家族と自分の進捗を共有し、成功をともに祝うことで、継続する力がさらに高まります。

たとえば、週に3回のジム通いができたとき、友人にその喜びを伝えることで、より大きな成功に向けて前進する意欲が高まるでしょう。

この5つのステップを実践することで、実行力と継続力を強化し、目標達成に向けて前向きに進んでいけるでしょう。

スピリチュアルな行動の意義

スピリチュアルな視点から見ると、私たちの行動は単なる物理的な動きや、目に見える結果を生むためだけのものではありません。

行動は、私たちの魂の本質や意図をこの現実世界に表現し、宇宙との調和を深めるための重要な手段です。

行動には深い意味があり、それによって人生や人間関係、そして私たちの魂の成長に大きな影響を与えるのです。

スピリチュアルな視点では、「行動」は魂の目的を、この世に具現化するためのプロセスと考えられます。

私たちは魂レベルで、それぞれが独自の使命や役割をもって生まれてきますが、その使命を実現するためには、具体的な行動が必要です。

行動を起こすことで、私たちは魂が設定した計画にしたがい、成長し続けることができます。たとえば、誰かを助けるというシンプルな行動一つにも、相手だけでなく自分自身の魂を成長させる力が秘められています。

「行動」は宇宙との共同創造を生み出すプロセスでもあります。

私たちが行動を起こすことで、宇宙はその意図に応じてサポートや導きを提供します。これは、スピリチュアルな法則である「引き寄せの法則」と深く結びついています。

たとえば、長年の夢であったプロジェクトに取り組む決断を下した際、次々と必要な人やリソースが引き寄せられる経験をすることがあります。これは、行動を通じて宇宙が私たちをサポートし、願望実現に向けたエネルギーの流れをつくっている証拠です。

さらに、スピリチュアルな行動には、他者や周囲の人々とのつながりを深め、ポジティブな影響を与える力もあります。

私たちの行動が周囲にどのような影響を与えるかを意識することは、スピリチュアルな行動の大切な要素です。

自分自身の行動が周囲に愛や喜び、安心感を与えるものであれば、それは単なる自己満足を超えて、より大きな集合意識の中でポジティブな変化を生むきっかけになります。

日々の小さな親切な行為が、知らないうちに他者の心に響き、ポジティブな連鎖を生むことがあります。これは、行動がスピリチュアルな意味をもつ一例です。

スピリチュアルな行動は、自己成長のための重要なステップでもあります。

私たちが新しい挑戦に向き合い、困難を克服しようとする行動は、魂の成長のプロセスを加速させます。

困難な状況に直面したとき、その場から逃げずに行動を続けることで、私たちは内なる力を引き出し、自己成長を遂げることができます。

新しいスキルを習得したり、恐れを克服するために行動を起こすことが、自分の魂の進化に寄与するのです。

スピリチュアルな行動には、「奉仕」の概念も含まれます。奉仕とは、見返りを求めずに他者に愛やサポートを提供することであり、この行動は魂の成長にとって非常に重要です。

人々に無償で愛やサポートを提供することは、自己を超えた存在としての私たちの本質を表現する方法です。コミュニティの中で、他者を助けるために時間を捧《ささ》げる行為や、困っている人に親切に接することは、スピリチュアルな視点で非常に価値のある行動となります。

このように、スピリチュアルな視点での行動は、私たちの魂の目的や使命を具現化し、宇宙との共同創造を促進し、自己成長を加速させるものです。

行動を通じて、私たちはこの現実世界にスピリチュアルなエネルギーをもたらし、より深い意味とつながりをもった人生を送ることができるのです。

成功者に学ぶ行動習慣

成功者たちには、共通して実践している行動習慣があります。その習慣を学び、取り入れることで、より高い成果を得ることができるでしょう。ここでは、成功者の行動習慣を「実験」として捉え、自分の生活にどう適用できるかを考えていきます。

まず、成功者に共通する行動習慣の一つに「毎日のルーティン」があります。彼らは日々、特定のルーティンを守ることで、時間とエネルギーを効果的に使っています。特に朝の時間を大切にする成功者は多いです。彼らは、毎朝決まった時間に起き、瞑想や運動、読書などを行うことで、一日のスタートを整えています。

このような朝のルーティンは、精神的な集中力を高め、ポジティブなエネルギーで一日を始めるのに役立ちます。

成功者の習慣を実験的に取り入れるには、まずは小さなルーティンから始めましょう。重要なのは、無理なく続けられる範囲でスタートし、徐々に習慣を広げていくことです。

次に、成功者たちは「継続的な学び」にも力を入れています。

彼らは、自分の分野だけでなく、広範な知識やスキルを学ぶことで、より深い洞察と柔軟な視点を得ています。

読書やオンラインコースの受講、定期的なワークショップへの参加など、学びを継続的に行うことで、常に自己成長を目指しています。

この行動習慣も、自分に適した方法で実験できます。

たとえば、1日10分でもよいので、読書や学びの時間を確保することです。

特に、自分が興味をもっている分野だけでなく、あえて新しい分野にも挑戦してみると、予想外のインスピレーションを得られるかもしれません。

成功者の「学び続ける姿勢」を実験的に取り入れることで、自分の視野が広がり、新たな成長の機会が訪れるでしょう。

成功者たちは「セルフケア」にも時間を割いています。彼らは、精神的および肉体的な健康を最優先し、規則正しい生活習慣を心がけています。

瞑想やヨガ、定期的な運動はもちろん、栄養バランスのとれた食事をとることや十分な睡眠を確保することが、彼らのパフォーマンスを支えています。成功は仕事だけでなく、健康なからだと精神があってこそ実現できるものだと理解しています。

セルフケアの習慣を自分に取り入れるには、まず自分の健康状態やライフスタイルを振り返り、改善できるポイントを見つけることが重要です。

たとえば、1日30分のウォーキングや、週に1回のデジタルデトックスを試してみるのもよいでしょう。こうした小さな取り組みが、長期的には大きな成果を生むことがあります。成功者たちが行うセルフケアを自分自身で実験し、どのようにパフォーマンスに影響するかを観察するのも興味深い取り組みです。

さらに、成功者たちの多くは「感謝の習慣」をもっています。

日々の生活の中で、小さなことにも感謝し、その感情を意識的に深めることで、常にポジティブな心の状態を保っています。

感謝することで、幸福感が増し、困難な状況に直面しても、前向きなエネルギーを維持することができるのです。

この感謝の習慣を自分に実験的に取り入れるには、毎晩寝る前に感謝ノートをつけることを試してみるのがよいでしょう。その日感謝したい出来事や人、学びを書き留めることで、感謝の気持ちを振り返り、翌日への活力を高めることができます。

成功者たちの行動習慣を実験的に取り入れることで、自己成長の可能性が広がり、より豊かな人生を築く一歩を踏み出せるでしょう。

進化のためのステップ

失敗は避けられないものですが、それをどう捉え、次の行動に活かすかが未来を切《き》り拓《ひら》く鍵になります。

多くの成功者は、失敗を「終わり」や「挫折」ではなく、成長の過程と捉えています。失敗は私たちに改善点を教えてくれる大切なフィードバックなのです。

たとえば、ある起業家が新しいビジネスに挑戦した際、資金管理のミスで一時的に事業がストップしました。しかし、この経験から学びを得て、次に挑戦したビジネスでは成功を収めました。このように、失敗は次のステップに進むための貴重な教訓となります。

失敗を恐れて行動を起こさなければ、成功の機会は訪れません。

大事なのは、失敗を「進化のためのステップ」として捉え、行動を続けることです。

行動しなければ成長も成功もないため、恐れずに挑戦し続けることが重要です。

失敗を分析することで、原因を正しく理解し、次に活かすことができます。

感情に流されずに冷静に失敗を振り返り、何が問題だったのかを見極めることが大切です。これにより、次の成功への道筋が明確になります。


また、自己反省を習慣化することも有効です。

毎日、自分の行動を振り返り、「なぜうまくいかなかったのか」「次はどう改善できるか」を考えることで、失敗から得た学びを未来の行動に活かせます。


失敗を自己否定と捉えず、成長の一部として受け入れましょう。

自己肯定感を保ちながら、小さな成功体験を積み重ねることで、失敗を恐れずに前進できる力が育まれます。

失敗から学び、前に進むことで、未来は必ず切り拓かれていくのです。

おわりに

ご縁に導かれて今日を生きる

私たちがこの瞬間、ここに存在していること、その背景には、たくさんの見えないご縁がつながっていることを忘れてはなりません。

出会う人々、経験する出来事、すべてが私たちを成長へと導いてくれる存在です。

それは宇宙の愛のエネルギーに支えられた奇跡の連続であり、私たちはその中で生かされているのです。


これまで出会ったすべてのご縁に心から感謝し、さらにこれから出会うすべてのご縁に対しても感謝の気持ちをもち続けることが、私たちの未来を豊かにする鍵です。

ご縁とは偶然ではなく、すべては必然的にやってくるもの。宇宙の計画の中で、私たちは必要なタイミングで必要な人や出来事に出会っているのです。

だからこそ、あなたの人生には、いつも必要なご縁が訪れ、導かれているということを信じてください。

愛と感謝をもってご縁を受け入れ、つながりを深めることが、人生を豊かにし、幸福を引き寄せる大きな力になります。

ご縁は、あなたの魂の成長にとって欠かせないものです。

どんな小さな出会いや出来事であっても、それがあなたの未来を大きく変える可能性を秘めています。

感謝のエネルギーでそのご縁を大切にし、日々を楽しみながら過ごすことが、さらなる奇跡を引き寄せるのです。


ご縁は、時には試練のように感じるかもしれません。

でも、それもまた大切な学びのチャンスです。

私たちは、試練を乗り越えることで、魂が成長し、さらなる豊かさと幸せを手に入れることができるのです。だからこそ、どんなご縁も受け入れ、感謝し、その中で学び、成長していくことが大切です。

あなたの人生が、これからも多くのご縁によってさらに広がり、愛と光に満ちた未来が訪れることを心から信じています。

そして、その未来は、あなた自身の感謝と愛によって築かれていくのです。今日、この瞬間から、あなたのまわりにあるすべてのご縁に感謝し、そのつながりを大切にしながら、愛のエネルギーで日々を満たしていきましょう。

宇宙はいつもあなたをサポートし、最善のご縁をもたらしてくれています。あなたの人生は、愛と奇跡であふれています。

心からの感謝とともに、これからのご縁に愛をもって歩んでいってください。

あなたが選び、歩む道が、いつも愛と光に満ちていますように。

著　者

◎著者プロフィール

穴口恵子（あなぐち・けいこ）

スピリアルライフ®提唱者／（株）ダイナビジョン創始者　日々の生活の中で実践するスピリアルライフを通し、誰もが無限の可能性を開き、人生のバランスをとりながら幸せで豊かに生きることを提唱する。人材育成コンサルタントとしてソニー、シティバンク、本田技研、ＢＭＷをはじめとする数々のグローバルな上場企業などのコンサルティング、研修を行う一方で、世界中に最高のメンターを探し求め、日本でそのプロデュースを行うなど、世界最高レベルのものを人々に提供してきた。現在、日本でスピリチュアルスクールやショップの運営、セミナー事業などを行うかたわら、聖地として名高いアメリカのシャスタ山でもショップを運営。世界各国からも招かれ、これまで2万5０００人以上に個人セッションを提供。また、数々の世界初のパワースポット遠隔伝授を開発し、延べ15万人を超える参加者が受講している。スピリアルライフをサポートするセラピストの育成に特に注力しており、オリジナルのヒーリングやチャネリングメソッドの認定コースを全国で開催中。これまでに３６００人以上のセラピストを輩出している。

穴口恵子OFFICIAL WEBSITE　https://www.keikoanaguchi.com/
オフィシャルブログ　https://ameblo.jp/keikoanaguchi

ご縁の奇跡

2024年12月1日（射手座の新月）初版第1刷発行

著　者　穴口恵子
発行者　櫻井秀勲
発行所　きずな出版
東京都新宿区白銀町1-13　〒162-0816
電話　03-3260-0391　振替　00160-2-633551
https://www.kizuna-pub.jp/

印　刷　モリモト印刷
ブックデザイン　福田和雄（FUKUDA DESIGN）

ISBN978-4-86663-259-9

きずな出版